Tractatus de arte
bn[e] viuendi Bene[que] moriendi

Celestinoz de parisius
sign. 87. A.

Celestinoz de parisius 896

Artis bene moriendi

perutilis tractatus feliciter incipit.

Cum de presentis exilij miseria mortis trãsitus/ppter moriẽdi imperitiam multis/non solũ laicis/verũ etiam religiosis atq̃ deuotis difficilis multũq̃ periculosus imo etiam terribilis z horribilis valde plurimum videatur: idcirco in presenti materia que de arte moriẽdi est. sequens breuis exhortationis modus/ est circa eos maxime qui in mortis articulo sunt constituti mentis intuitu z subtili consideratione notandus seu perpendendus: eo q̃ modus iste generaliter omnibᵁ catholicis ad artem z noticiã bene moriẽdi conquirẽdã plurimũ valere z prodesse potest.

Sequitur diuisio libri.

Continet autem materia ista sex particulas/ quarum Prima est de laude mortis sciẽciaq̃ bene moriendi. Secunda tentationes morientiũ continet. Tercia interrogationes. Quarta quandã instructionem seu informationẽ cũ obsecrationibus Quinta exhortationes. Sexta continet orationes dicendas super agonizantes ab aliquo assistentium agonizanti charo et fideli.

a ij

Sign. per 896

Prima particula de laude mortis est/
et sciencia bene moriendi.

Um oim terribiliū/ mors corporis sit terribilis sicut ait phs in tercio ethicoȝ, mors tamē anime tāto est horribilior atqȝ detestabilior q̄to aīa corpore est nobilior atqȝ prestancior dicēte ꝓpheta Mors peccatoȝ pessima. Sed in his nichilominus eodē propheta attestante/ preciosa est in cōspectu dn̄i mors sanctoȝ eius. qualicūqȝ eciam morte corporali moriātur. Nec solum preciosa mors est mors sanctoȝ martyrum: verūeciā alioȝ sanctoȝ siue iustoȝ/ bonoȝ atqȝ christianoȝ: necnon ⁊ peccatorū quātūcūqȝ malignoȝ vere contritoȝ/ ⁊ in vera fide et sancte matris ecclesie vnitate morientium. scōm illud apo. xi. Beati mortui qui in domino moriūtur. Propter quod diuina sapientia ait. Justus si morte preoccupatus fuerit in refrigerio erit. Si tamē moriturus in tentationibus atqȝ alijs in mortis agonia sibi necessarijs/ constanter atqȝ prudenter se tenuerit atqȝ rexerit: quemadmodum in sequentibus manifestatur dei adiutorio saluus erit.

¶ Descriptio mortis

ET ideo de laude mortis dūtaxat bonoȝ quidē sapiēs sic ait. Mors nichil aliud est nisi exitus de carcere/ finis exilij. depositio oneris grauissimi corporis omniū egritudinū terminatio omniū periculoȝ euasio oim maloȝ cōsūptio. oim vinculoȝ dirruptio, debiti naturalis solutio reditus in patriā ingressus in regnū. Unde eccl. vij. Melior est dies mortis die natiuitatis. Qō nimirum de bonis et electis tantūmō est intelligēdū, qz malis atq3 reprobis nec dies mortis, nec dies natiuitatis bona dici debz Quapropter bonus christianus imo etiā peccator quilibet vere contritus et fidelis de morte corporali etiā qualicūq3 de causa sibi illata cōtristari nō debet neq3 pturbari, neq3 ipsam ptimescere: sed sponte et volūtarie mētis ratione que sensualitati vtiq3 vñat mortem suscipiat atq3 sufferat patienterq3 sustineat suāq3 in hac re voluntatē plenarie diuine cōformās et cōmittēs voluntati vt tenetur. si tñ bene et secure egredi hinc voluerit atq3 mori, quodam sapiente sic dicente. Bene mori: est libenter mori. Unde subdit Ut satis vixerim, nec anni, nec dies sufficiunt: sed animus. Hec ille. Cum igitur ex debito atq3 iure naturali omnes mori necesse sit: imo et oīno oporteat: quādo, et qualiter, et vbi deus omnipotens voluerit etiāq3 ipsi⁹ dei voluntas semper et vbiq3 bona sit, cassiodoro attestāte in libro collationum. Fidelissimus deus omnia que videntur vel aduersa vel prospera nostris vtilitatibus dispensat: magis est pro suorum salute et cōmodo prouidus atq3 sollicitus, q̄ nosipsi sumus pro nobis. Cunq3 mortem corporalem et generalem subterfugere: euadere atq3 euitare minime valeamus: idcirco mortem ipsam etiā sensualita

a iij

te recalcitrante, ex mētis ratione bene dispoſite voluntarie τ libēter abſqʒ murmure τ contradictione qñ deus voluerit debemus acceptare. Uñ ſeneca. feras non culpes quod īmutare non vales. Et iterum dicit idem. Si vis iſta quibus vrgeris effugere non valebis. Sed vt alius ait. Propterea vt homo chriſtianus bene τ ſecure moriatur: neceſſe eſt ei vt mori ſciat. ¶ Nota quid eſt ſcire mori. Scire autem mori (vt quidā ſapiens ait) eſt paratum habere cor et animā omni tēpore ad ſupna vt quādocīqʒ mors veniat, paratū eum inueniat, τ abſqʒ retractione eā recipiat: quaſi qui ſocij ſui dilecti aduentum deſideratum expectat. Hec ille. Hec eſt ſciencia vtiliſſima in qua religioſi precipue magis qʒ ſeculares ſine intermiſſione quotidie atqʒ continue ſollicitus ſtudere debēt: vt eā veraciter apprehēdāt: cū prſertim religionis ſtatus idipſum exigat τ reqrat. quāqʒ eciā quilibet ſecularis clericus τ laicus ſiue ad moriendum paratus τ diſpoſitº fuerit ſiue non: nichilominº obedire deo tenetur quando ei mandatur. Debet itaqʒ non ſolum religioſus: verū eciam quiſlibet chriſtianº bonus τ deuotus qui bene et ſecure mori deſiderat taliter viuere et ſe habere. vt omni hora quādo deº voluerit mori poſſit: et ita vitam debet habere in paciēcia, et mortem in deſiderio. exēplo pauli apłi qui ait. Cupio diſſolui et eſſe cū chriſto. ¶ Hec de ſciencia moriendi dicta ſufficiant.

¶ Secōda particula de tentationibꝰ extremis.
Prima tentatio de fide in articulo mortis.

Sciendū scōo qꝫ in extremis morituri grauiores habent tētationes: quales in vita sua nū-
quꝫ habuerūt. Sunt autem huiusmodi tentationuꝫ generaliū quicꝗ principales. Quarum prima est in fide, eo qꝫ fides tocius salutis nostre extat fundamētum, teste apostolo qui ait. Fundamentum aliud nemo potest ponere. Unde augustinus. Fides est oīm bonoꝝ fundamentū et humane salutis inicium. Et iterum dicit aplꝰ. Impossibile est sine fide placere deo. Unde Io. iij. qui non credit, iam iudicatus est. Cū igitur talis tantacꝗ in fide extat vis, vt sine ea nullus omnino saluus esse possit, dyabolus totis viribus hominem in extremis laborantem ab ea totaliter auertere nititur, vel saltem ad dubitandum in ea aut aliquibus erroribus ipsum decipere laborat. Bonus aūt christianus nō solū principales fidei articulos, verum etiam toti sacre scripture in oībꝰ et p omnia tenetur credere ad minus implicite sanctecꝗ romane ecclesie statutis sublectus esse, et in his firmiter permanere atcꝗ mori. Alloquin ꝗ cito in aliquo premissoꝝ errare incipit: tam cito deuiata via vite et salutis. Sciendum tamē qꝫ in tentatione ista atcꝗ aliis sequentibus, dyabolus nulli oīno quādiu liberi arbitrij vsum bene dispositum rationi habuerit, nisi sponte ei consenserit: aliqua tētatio poterit

viiij

preualere. Nequaqȝ igitur bonus catholicus dya=
boli illusiones/ ⁊ terrores atqȝ psuasiões oīno time
re debet qȝ mendax est. et pater eius: veritate atte=
stante. sed firmissime ī vera fide ac sancta matris ec
clesie vnitate/ et obediētia viriliter perseueret atqȝ
moriaȓ. Est autē vtile ⁊ bonū sicut in quibusdam re
ligionibus fieri solet: vt symbolum fidei circa ago=
nizantes alta dicaȓ voce. pluriesqȝ repetatur: vt per
hoc infirmus ad fidei constantiā animeȓ. et ab eo de
mones qui illud audire nequeūt elōgentur. Porro
ad vere fidei constantiā etiam principaliter aȝare in
firmū debet/ fides antiquorum fidelium abraham/
ysaac/ et iacob. Similiter fides infidelium: vt iob
moab et simsiium. ac etiā fides apƚoȝū/ necnon innu
merabiliū martyrum/ confessoȝū. et virginū. Nam
per fidē omnes antiqui et moderni deo placuerūt:
qȝ vt supra dictum est. Impossibile est sine fide pla=
cere deo. Item etiam ad idem inducere debet infir=
mū duplex vtilitas fidei. Una est qȝ vera fides oīa
potest. teste dño iesu xpo in euangelio. Oīa possibi=
lia sunt credenti. Alia est qȝ vera fides omnia impe=
trat. sicut idē domin⁹ ait Quicquid orantes petitis
credite et accipietis. eciam si dixeritis huic monti te
hinc tolle. Sic montes caspij petenti alexandro ma
gno adunati sunt.

De secunda tentatione
in articulo mortis.

Secunda tentatio est desperatio que est contra spem atque confidentiam quam homo debet habere in deum. Cum enim infirmus doloribus cruciatur in corpore, tunc dyabolus dolorem dolori superaddit obiciendo sibi peccata sua, modis quibus potest: ut eum ad desperationem inducat. Insuper etiam secundum innocentium papam tercium in libro iij. de villitate coditionis humane quilibet homo tam bonus quam malus, antequam aia eius de corpore egrediatur videt christum in cruce positum ad exultationem et laudem bonorum et ad confusionem malorum ut erubescant se fructum redemptionis non habere. Sciendum insuper quod diabolus peccata presertim non confessa, que homo comisit, in agone representat, ut eum sic in desperationem trahat, sed propter hoc nullus de venia debet desperare: etiam si tot latrocinia, furta, homicidia, perpetrasset, quot sunt maris gutte et harene: etiam si de eisdem prius nunquam aliquam egisset penitentiam, nec ea confessus fuisset nec etiam modo ad confitendum ea haberet facultatem. Nichilominus desperare non debet, nam in tali casu sufficeret sola vera contritio interior, teste psalmista, cor contritum et humiliatum deus non despicies. Et ezechiel ait, quacunque hora peccator ingemuerit: saluus erit. Unde bernardus ait. Maior est dei pietas quam queuis peccatorum iniquitas. Et Augustinus sup ioannem. A nemine desperandum est: dum in hac vita manet. Solum enim desperationis crimen est quod mederi non potest. Unde et idē Augustinus. Non nocent mala preterita: si non placent Nullus igitur desperare debet etiam si solus totius mundi peccata commisisset. In casu etiam quo ei cōstaret q̃ de numero damnatoꝛ esset: nullus propter hoc desperandus esset eo q̃ propter desperationem nichil aliud agitur. nisi q̃ per eā deus piissimus multomagis offenditur: et pctā alia fortiꝰ grauāt. pena q̃ eterna vsq̃ ad infinitū augmentatur. Proinde ad cōfidentiā verā quā pcipue infirmus ad deuz debet habere in agone: inducere debet eum dispositio. xp̃i in cruce: de qua dicit bernardus. Quis non rapietur ad spē. nec ad impetrandam fiduciā. si attendat in cruce christi dispositionem: vide caput inclinatum os ad osculandum: brachia extensa ad implerādum: manus perforatas ad largiendum: latus apertum ad diligendum et tocius corporis extensionem ad totū se impendendum. Hec ille. Nullo ergo mō quisq̃ desperare debet: sed in deo plenarie confidere. Naz hec virtus valde est laudabilis magniq̃ meriti coram deo. de qua hortatur apostolus dicens. Nolite amittere confidentiam vestram que magnā habet remunerationem. Preterea nullus peccatoꝛ etiā quātūcunq̃ magnus de venia debet desperare Exemplū eñ habemus euidentissimū in petro xp̃z negante. In paulo christum etiam persequente. In matheo et zacheo publicante. In maria magda=

lena peccatrice. Et in muliere in adulterio deprehē
sa. In latrone pendente iuxta chm̄. Et in maria
egypciaca: necnō in multis pctōrib9 facinorosis at⸗
q3 sceleratis. Versus de maria magdalena.
Sum magdalena peccanti sum via vera.
Sum lux. sum speculum. crimen ad omne suum.
Non desperetis: vos qui peccare soletis.
Exemploq3 meo: vos reparate deo.

Tercia tentatio de impacientia.

Tercia tentatio est de impaciētia: que est con
tra caritatem: qua tenemur deū diligere sup
omnia. Nam moriturus maximus dolor capitis ac⸗
cidit his precipue q̄ non morte naturali que rara est
sicut marime docet experiētia: sed frequenter ex ac
cidētib9. puta febre vel apostemate. aut alia ifirmi⸗
tate graui 7 afflictiua atq3 longa dissoluūtur. Que
quidē infirmitas plerosq3 7 precipue ad mortē indis
positos 7 inuite morientes/ ac defectū vere caritatis
habētes adeo reddit impaciētes atq3 efficit murmu
rantes: vt pluries ex nimio dolore 7 impacientia a⸗
mētes 7 insensati videātur: sicut sepe visum est mul
tis. Et quo vere constat q̄ tales vtiq3 in vera carita
te defficiūt. teste hieronymo qui ait Si q̄s cū dolo⸗e
egritudinē vel mortē suscipit: signū est q̄d deū suffi⸗
ciēter nō diligit. Necesse est ergo oī hoī qui bene mo
ri voluerit: vt i qualibet ifirmitate q̄tūcūq3 afflicti⸗
ua/ lōga vel breui/ āte mortē 7 i morte nō murmuret

eo qp teste gregorio in moralibus. Justa sunt cuncta
que patimur z ideo valde iniustū est si de iusta passi-
one murmuramus. qp patiens sit scōm illud luce.
In pacientia vestra possidebitis aīas vestras. Nam
sicut per pacientiam aīa possidetur atqp custoditur:
sic per impaciēciā atqp murmuratione perditē atqp
condemnatur. Teste gregorio in omelia qui sic ait.
Regnū celorum nullus murmurans accipit. Quod
autem albertus magnus de vera contritione dicit.
vere contritus ad omnē afflictionem infirmorum z
punitorum letanter se offert vt pro offensa deo satis
facere possit digne: qptomagis ifirmus quisqp suam
propriam infirmitatē solam multis aliis infirmitati-
bus sine comparatione leuiorem debet patienter et
libenter sustinere: cū infirmitas presertim ante mortem sit quasi quoddam purgatorium cum toleratur
vt oportet: quando videlicet patienter libēterqp cū
gratitudine toleratur. Nam secundū albertum non
solum gratitudine indigemus in his que sunt ad no-
stram cōsolationem: sed etiam in his que sunt ad no-
stram afflictionem. Unde gregorius. Diuina enim
dispensatione agitur: vt prolixiori vicio prolixior e-
gritudo adhibeatur vel coaptetur. Dicat ergo quisqp
infirmus z precipue moriturus cum augustino hic
seca. hic vre. vt in eternū michi parcas. Unde z gregorius. Misericors deus temporalem seueritatem
adhibet. ne eternam inferat vltionem. Cum autem

tentatio ista militet contra caritatem sine qua omnino nulla potest esse salus: eo caritas vera patiens est atq omnia suffert. teste apostolo. vbi studiose notandum atq ponderandum extat cum dicit omnia/ nichil penitus excipit. Omnes igitur corporis egritudines sine murmure difficultate mentis ratione tolerāde sunt. Unde augustinus dicit. volenti vel amanti nichil est difficile/ neq impossibile.

Sequitur de quarta tentatione scilicet de vana gloria.

Quarta tentatio est suiipsius complacentia que est superbia spiritualis. per quam dyabolus deuotis atq religiosis pfectis magis infestus est. Cum enim hominem ad deuiādum a fide aut ad desperationem vel impatientiam non potest inducere: tūc agreditur eū per suiipsius complacentiam tales in eum iactans cogitationes. O firmus es in fide fortis in spe. et constans in pacientia o multa bona es operatus/ et huiusmodi. Sed contra hoc dicit ysidorus. Non te arroges. nō te iactes. non te extollas insolenter. nichil de te presumas. nichil boni tribuas. nam tanta suiipsius posset esse complacētia vt per hanc homo damnaretur Unde gregorius. Quisquis reminiscendo bonum quod gessit. dum se apud se erigit: apud autorem humiliatus cadit. Debet igitur moriturus cautus esse

cum per superbiam sentit se tentari: ita vt se tūc hu
miliet atq̃ deprimat/sua peccata cogitando: τ cp̄ i-
gnorat/an odio vel amore dignus sit. Ne autem des
peret nichilominus cor suū ad deū dirigere per spē
et dei misericordiam que est super omnia opera ei⁹
cogitando atq̃ ponderando: τ cp̄ fidelissimus deus
qui est veritas infallibilis iurando per prophetam
repromisit dicēs. Viuo ego dicit dn̄s. nolo mortem
peccatoris: sed magis vt conuertatur τ viuat. Imi-
tetur ergo homo beatū anthoniū cui dyabol⁹ dicit.
Anthoni. tu me vicisti. quādo eñi te volo exaltare:
tu te deprimis. et cū te volo deprimere tu te erigis.
Sic ergo faciat vnusquisq̃/siue sanus/siue infirm⁹/
et victus est dyabolus.

Sequitur de quinta tentatione scz̃
de delectatione mundanorum.

Quinta tētatio que magis seculares atq̃ carnales infestat: est nimia occupatio temporaliū
atq̃ exteriorū circa vxorem/liberos/amicos carnales atq̃ diuitias/et alia que inordinate in vita sua
dilexerūt. Nam q̃ bene τ secure mori voluerit debz̃
oīa temporalia et exteriora simpliciter atq̃ totaliter
postponere et se deo plenarie totū committere. vn̄
scotus super quarto sentenciarū dicit. Si quis infir
mus cū se videat iam moriturū vult mori: et plane
cōsentit in mortem/ac si eā per se elegisset: satisfacit
pro omnibus venialibus peccatis immo confert ali

quid ad satisfaciendum pro peccatis mortalibus. Quapropter vtile est/ atqz oīno necessarium est in mortis articulo voluntatem suam per omnia cōformare diuine volūtati vt oportet. Raro aūt aliquis seculario vel carnalis etiam religiosus vult se ad mortem disponere/ aut qō deterius est qdq̄ de hac re audire etiā cū iam ipse de facto agonizat sperans se euasurum, quod reuera periculosissimū atqz absurdissimū est in hoīe christiano. vt dicit cancellarius parisiensis. ¶ Notandum vero qp̄ dyabolus in omnibꝰ predictis tentationibus hominez nequaquā cogere poterit/ nec ei etiā aliquareñus pualere vt sibi consenciat quādiu vsū habuerit ratioīs, nisi sponte ei voluerit consentire quod certe non solum bono christiano, verumetiam cuilibet peccatori quantūcunqz magno sup oīa cauēdum est. Unde apostolus dicit Fidelis deus qui non patietur vos tentari supra id quod potestis: sed faciet etiam cum tentatione prouentum: vt possitis sustinere. sic dicit glosa. Fidelis deus est. verax in promissis. qui dat nobis resistere potenter/ viriliter/ et perseueranter / dat potenciam vt vincamus: gratiam vt mereamur: facit prouentum. idest virtutis augmentum. vt possitis sustinere ne deficiatis. vincatis quod fit per humilitatem. Unde augustinus. Illi non tremūt in fornace qui non habent ventum superbie. humiliet ergo homo peccator se : vt sub potenti manu dei victo-

riam obtinere possit/et auxilium in omni tentatio-
ne/egritudine/et tribulatione maloru᷑ τ doloru᷑ vsq᷑
ad mortem inclusiue·

¶ Tercia particula de interrogationibus in articulo mortis

Deinde sequi̇tur interrogationes que fieri
debent morturis/du᷑ adhuc vsum ratio᷑is
habe᷑t et loque᷑di· τ hoc ideo vt si quis minus dispositus fuerit ad morie᷑dum de meliori infor-
metur atq᷑ in eode᷑ co᷑fortetur· Ille aute᷑ interrogationes debe᷑t fieri secundu᷑ a᷑selmu᷑ episcopu᷑ hoc mo-
do· Prio queratur sic· frater· Letaris q᷑ in fide christi moriaris·respondeat etiam· Frater penitet te no᷑
tam bene vixisse sicut debuisses· respondeat etiam·
Frater habes emendandi animu᷑ si spacium viuendi
haberes: respondeat etiam· Frater credis te no᷑ posse nisi p᷑ morte᷑ xp̄i saluari:respondeat· etia᷑· Credis
q᷑ pro te mortu⁹ est d᷑ns Iesus christus filius dei: respondeat etia᷑· Agis ei gra᷑s ex toto corde de hoc: respondeat etia᷑· Age ergo dum in te est aia᷑ tua ei semp᷑
gra᷑s·et in hac sola eius morte/te totu᷑ co᷑tege · huic
morti te inuolue:et si d᷑ns deus te voluerit iudicare
dic· D᷑ne mortem d᷑ni mei Iesu christi obiicio inter te
et me·et iudicium tuu᷑ alter tecu᷑ non contendo· Si
dixerit q᷑ mereris damnationem· dic· Mortem domini mei Iesu christi/obiicio iter te et me: et mala

merita mea, ipsumq; dignissime passionis meritum
offero pro merito: quod ego habere debuissē, z heu
non habeo. Dicatur iterum. Dñe mortem dñi mei
iesu christi pono iter me et iram tuā. Deside dicat ter
In manus tuas dñe comendo spiritum meum. zc.
Et idipsum si nō potes loqui: dicat conuentus, vel
astantes. In manus tuas dñe comendo spiritū eius
et securus moritur nec videbit mortem ineternum
Porro cū interrogatiōes predicte, solum personis
religiosis atq; deuotis competere atq; sufficere vi
deantur. tñ debent oēs christiani siue seculares siue
regulares secūdū cancellariū parisien modo subse
quenti de suo statu et salute: in agone certius: atq;
clarius inquiri et informari sic. Primo. Credis oēs
pricipales articulos fidei. Et insup toti sacre scripture per oia secūdū scōrū catholicorū atq; orthodo
xorū sancte ecclesie doctorū expositionez: z detesta
ris omnes hereses et errores atq; supstitiones ab ec
clesia reprobatas ac letaris insuper q̃ in fide christi
ac vnitate matris ecclesie ac obedientia morieris.
Secūdo queratur sic. Cognoscis te creatorem tuū
sepe et multipliciter atq; grauiter offendisse. Nam
per beatum bernardum in canticis sic dicitur. Scio
neminē absq; sui cognitione saluari. de qua nimirū
vera salus oritur et timor dñi. quia et sicut initium
est sapiencie. ita et salutis. Tercio, doles ex toto
corde de omnibus peccatis contra dei maiestatem

b i

amorem atq̃ benignitatem/de malis cõmissis/⁊ de bonis omissis ⁊ gracijs neglectis: non solum timore mortis p̃turbat⁹ vel pene cuiusq̃ sed magis ex amore dei ⁊ iusticie ⁊ caritate qua tenemur deum sup̃ oĩa diligere. ⁊ petis frater oĩb⁹ istis veniã. optãs ĩsup cor tuũ illuĩari ad cognitionẽ oblitoꝝ: vt de illis valeas specialiter penitere. Quarto ꝓponis te veraciter velle emẽdari si superuiuere debueris. ⁊ nũq̃ plus mortaliter te peccare scienter ⁊ ꝓposito deliberato. sed potius oĩa q̃tũcunq̃ cara dittere. imo eciã vitã carnalẽ p̃dere añq̃ deũ pl⁹ velles offendere. rogas ĩsup deũ vt det tibi grãm hoc ꝓpositũ ꝯtinuãdi ⁊ non recidiuãdi. Quito ĩdulges ex toto corde oĩb⁹ q̃ vnq̃. aliqõ nocumẽtũ verbo vel facto tibi intulerũt atq̃ offenderunt ob amorẽ ⁊ veneratione dñi nr̃i Iesu cristi a quo ⁊ tu veniã sp̃as. Petis eciã fideliter ĩdulgeri ⁊ remitti tibi ab eis quos offendisti quouismodo. Sexto vis ablata restitui ĩtegraliter iq̃tũ teneris iuxta tuarũ facultatũ valorẽ eciã vsq̃ ad oĩm bonoꝝ tuoꝝ cessionem ac renũciationẽ ĩclusiue vbi alias satisfactio fieri non valeret. Septimo querat̃ sic. Credis q̃ p te mortu⁹ sit crist⁹: ⁊ q̃ alit̃ saluari nõ potes nisi per meritũ passiõis dñi nr̃i Iesu xp̃i. ⁊ agis eciã de hoc deo grãs ex corde q̃tũ vales
Quicũq̃ aũt ad predictas iterrogatões ex cõscia bona ⁊ fide nõ ficta vere potit affirmatie respõdere satis euidẽs argumẽtũ salutis habet si sic decesserit

q̃ de n̄ero saluandorū erit. Quisq̃ vero de p̄mis-
sis ab alio iterrogat⁹ nō fuerit. p̄sertim cū satis sint
pauci atq̃ rari q̃ hui⁹ artis h̄eant sciam: itra se rede
at cogens seipsuz subtili⁹ ꝯsiderādo an taliter sit dis
positus vt p̄sert. eo q̃ absq̃ tali dispositione nulli
oīno pōt eē salus. Qui aūt sic dispositꝰ ē vt dictū est
se totū passioni xp̄i recōmēdet ⁊ ꝯmittat: et cōtinuo
in q̄tū possit et infirmitas p̄miserit eā ruminet atq̃
meditetur. Nam per hoc omnes diaboli tentatōes
⁊ in fide maxime superantur.

Quarta particula de instructionibus pro
infirmis cū obsecrationibus.

Preterea cū secūdū gregoriū omnis christi ac
tio nostra sit istructio idcirco ea que christus
in cruce moriens fecit eadem cuilibet morituro pro
suo modulo atq̃ possibilitate in extremis extant fa
cienda. fecit autem christus in cruce quinq̃. Orauit
enim. Nam dicitur orasse per psalmos istos. Deus
deus meus respice in me: et octo sequentes vsq̃ ad
versum illum inclusiue. In manus tuas. ⁊c. Item
clamauit ⁊ fleuit apostolo teste. Animam patri com
mendauit atq̃ spiritum tradidit. vt testantur euan=
geliste. Sic et infirmus in articulo mortis constitu-
tus orare debet / saltem corde / si non potest voce.
Unde ysidorus. Melius est cum silētio orare corde
sine sono vocis: q̃ solum verbis sine intuitu mentis.
Secūdo debet clamare fortiter similiter corde non

b ij

voce. plus enim attēdit deus cordis desiderium: q̄
clamor em vocis. Nam vocis corde clamare non est
aliud q̄ remissionem peccatorum τ vitam eternam
fortiter desiderare. Tercio debet plorare non oculis corporalibus: sed lachrymis cordis scilicet vere
penitendo. Quarto debet animam deo commenda
re dicendo. In manus tuas domine τc. Quinto spi
ritum tradat. vt videlicet moriatur voluntarie volū
tatem suam in hoc diuine conformans voluntati vt
oportet. Proinde q̄ diu agonizans loqui et vsum ra
tionis habere poterit. sequētes dicat obsecratiōes.
Et primo ad sanctam trinitatem.

Oratio ad sanctam trinitatem.

O Summa deitas, immensa bonitas, clemētissi
ma atq̄ gloriosissima trinitas, sūma dilectio
amor et caritas miserere mei miserrimi peccatoris
tibi enim cōmēdo spiritū meū. Item dicat ad patrē.
Deus meus pijssime pater misericordiarum, miseri
cordiā fac huic paupercule creature τ in vltima necessitate succurre iam dn̄e indigēti aīe τ desolate: vt
non a canibus infernalibus deuoretur.

Item dicat orationem sequentem ad filium.

O Dulcissime τ amantissime domine iesu chr̄iste
fili dei viui ob honorem et virtutem beatissi-
me passionis: iube me recipi inter numerum electo-
rum tuorū saluator τ redēptor meus reddo me toti

tibi: vt me nõ renuas a venia/ repellas a gloria tua.
Item dñe iesu christe paradysum tuũ postulo nõ ob
valorẽ meritorũ meorũ: cũ sim puluis ⁊ cinis ⁊ pctõr
miserrimus sed in virtute ⁊ efficacia tue sanctissime
passionis per quã me miserrimũ redimere voluisti.
et michi paradisum tuo precioso sanguine emere di
gnatus es. ¶ Item dicat pluries/ sepe repetendo
istum versum ter ad minus. Dirrupisti dñe vincula
mea tibi sacrificabo hostiã laudis. Nam iste versus
scdm cassiodorũ tante virtutis creditur: vt pctã hominũ dimittant si in fine trina repetitione dicat̃.
¶ Item dicat quod sequitur.

Oratio ad eundem.

Domine iesu christe propter illam amaritudi
nem quam pro me sustinere voluisti in cruce
maxime in illa hora quãdo sanctissima aĩa tua egres
sa est de corpore tuo: miserere aĩe mee in egressu suo
¶ Item post hoc inuocet seriosissime atq̃ istãtissime
corde ⁊ ore in quãtum ipse valet gloriosissimã virginẽ
mariam oĩm pctorũ efficacissimã atq̃ promptissimã
mediatricem atq̃ adiutricem sic dicens.

Oratio ad beatam mariam inuitandam.

O Regina celorũ/ mater misericordie/ refugiũ
pctorũ reconsilia me vnigenito filio tuo et eius
clemẽtiã p me indigno pctõre interpella. vt ob amorẽ
tui mea dittat crimia pducẽs ad gl̃am suã. Deinde

b iij

vitet sanctos angelos precibus sic inquiens
Oratio ad angelos inuitandos.

Spiritus celorū angeli btissimi / assistite michi queso migrāti ex hoc seculo. et potenter me eripite ad oīs aduersariorū meorū insidijs et animā meā in vestrū cōsorciū assumite. tuq̈ precipue angele bone custos meus: michi a domino deputatus.
¶ Deīde aplos / martyres / cōfessores / atq̈ vgines speciali⁹ tn̄ illos scōs atq̈ scās: quos vel quas prius san⁹ in veneratōe habuit et dilexit / in auxiliū suū inuocet ī isto necessitatis articlo diligēter. Item dicat ter vl' quater vel vltra si possit hec τ sīlia verba que beato augustino ascribuntur. Pax dn̄i nr̄i iesu xp̄i τ virtus passionis eius et signū sctē crucis / et integritas btissime virginis marie. τ bn̄dictio oīm sctōz τ custodia angelorū necnō suffragia oīs electorū sint inter me et oēs īimicos meos visibiles et iuisibiles in hac hora mortis mee. Postea subiūgat etiam ter dicēdo istū versū. Largire clarū vespe quo vita nusq̈ decidat s; premiū mortis sacre perēnis istet gl̄ia. Si aūt infirmus pdictas obsecrationes oēs nesciat vel infirmitate inualescente dicere non possit: dicat eas aliquis de astantibus clara voce coram illo mutatis mutandis. Ipse tamen agonizans q̈diu vsum rationis habere poterit oret intra se corde tantum atq̈ desiderio prout scit et potest τ ita orando spiritum domino reddat: et saluus erit.

Sequitur quinta particula de exhortationibus circa infirmos in agone mortis.

Notandū deinde sane atq; studiose aduertendū q; rarissime etiā aliqui inter religiosos et deuotos se ad mortē disponūt tēpestiue vt oportet: eo q; quilibet se diutius victurum estimat, nequaq; credens se cito moriturum quod nimirū ex instinctu dyaboli fieri, certū est. Nā sicut luce clarius constat plurimi per talē inanē spē neglexerūt seipos aut itestati aut iprouissi, aut idispositi morientes. Quapropter quisq; caritatē dei nec nō zelū habeat aiax, taliter q; vnūqueq; p;rimox egrotātem in ipso corporis etiā aie piculo cōstitutū, studeat sollicitus iducere ¬ monere, quatinus p;rio ¬ p;ncipaliter oībus postpositis de medicina spirituali ¬ remedio q; citius sibi p;ouideat indilate. Frequēter eñ vt qdā decretalis dicit. Corpalis infirmitas ex aie lāgore ortū h;. Et ideo papa p eādē decretalē cuilibet medico corporis districte p;cipit: vt ne culq; egroto corporalē conferat medicinā p;iusq; ad spūalē medicinā q;rendā eū moneat ¬ iducat. Sed decretalis ista quasi ab oib[9] vertitur in contrariū. Citius eñ hoies carnalē q;rūt medicinā corruptibilem: q; spūalem. Similiter oia mala alia ¬ aduersa pro peccatis intuitu vel nutu dei solent euenire, propheta attestāte. Non est malū in ciuitate quod non fecerit deus. Intelligo non malum culpe: sed malum pene pro culpa. Quāobrem infira

b iiij

propter finē debitū/ſ. ppter deū z reuertatur a via male inclinationis habitus pcedētiū, et laboret ad diſplicētia quātū poterit haberi licet bzeuē. et ne ad deſperationē remittatur, pponatur ei illa mala que superi⁹ in secūda pticula de tētatōe deſpatioſa dicta ſūt. Similiter etiā moneat, vt etiam contra alias tentationes ibidē poſitas animoſus exiſtat fortiter atq̃ viriliter reſiſtēdo, preſertim cū p dyabolū minime cogi poſſit. Item moneatur vt decedat tāq̃ ver⁹ et fidelis xpianus. Attendat inſuper an vinculo excōicationis aſtrict⁹ teneatur. vt informet quatinus in hoc totis viribus ordīationi ſancte matris eccleſie ſe ſubmittat. vt abſoluatur. Item ſi moriturus p lixum temporis ſpaciū ad recolectionē ſua habeat et non morte feſtina pueniat: legende ſunt coram eo a pñtibus hiſtorie et orōnes deuote in quib⁹ pridem ſanus ampli⁹ delectabatur. vel receſēda ſūt diuina pcepta vt profundius meditetur. ſi quid inuenerit contra ea negligēter deliquiſſe. Si vero infirmus vſum loquendi pdiderit, habeat tñ ſanā z integram noticiā, et ad interrogationes coram eo recitatas ſi gno aliquo exteriori, vel ſolo conſenſu cordis reſpō deat: hoc ſufficit ad ſalutem. Curandum tamen ex tat: vt interrogationes fiant anteq̃ vſum loquendi perdat. Nam ſi interrogationibus veriſimiliter appareant reſponſiones infirmi, non vſquequaq̃ ſufficientes exiſtere ad ſalutem: remediū per informa

mus quisq̃/ aut in alio cõstitutus piculo studiosus
extat inducendus: vt añ oĩa cuz deo pacẽ sibi faciat
spiritualẽ pre oĩbus adhibẽa medicinã/ sacramenta
videlicet ecclesiastica deuote recipiendo: testamẽtũ
ordinãdo domũ suã atq̃ negocia alia si qua habet
legitime disponendo. Nullaten⁹ aũt detur infirmo
spes nimia corporalis sanitatis consequende/ cuius
tñ cõtrariũ tã frequenter fieri solet a multis in picu
lũ aĩarum circastos qui actu agonizãt eo q̃ nullus
eorũ aliquid audire vult de morte. Unde cãcellari⁹
parisien. sepe p vnã talẽ inanẽ gl'iaz et falsã cõsolati
onẽ et sictã sanitatis corpis cõfidentiã certã icurrit
homo dãnationẽ. τ ideo hortãd⁹ est ifirm⁹ vt per ve
rã cõtritionẽ. puraq̃ cõfessionẽ aĩe pcuret sanitatẽ
que etiã ad salutẽ corpis si sibi fuerit expediens va
lere poterit. et ita quietior erit et securior. Cũ autẽ
teste gregorio. vera ɔtritio rara sit. cũq̃ secũ̃ tho.
in tercio sniaꝝ distictione. xx. aliosq̃ doctores pnĩa
q̃ videt̃ bert̃ in extremis vix sit vera pnĩa/ sufficiens
ad salutẽ: in illis pcipue de quib⁹ ɔstat q̃ in toto tpẽ
vite sue precepta diuina/ votaq̃ spõtanea volũtate
nũq̃ veraciter sed solũ sicte atq̃ dolose seruauerũt
Jdcirco vnicuiq̃ tali ad mortis articulum deducto
suadẽdũ est: vt scõm suã possibilitatẽ mẽtis ratione
laboret ad pnĩam ordinatã seu verã. vt vz nõ obstã
te dolore vel timore sibi inherentib⁹ vtat̃ ratione in
q̃tũ potest. et conet̃ habere displicẽtiã volũtariam

tionem necessariã apponat: modo quo fieri poterit
meliori. Manifestãdum est eñ scdm exigenciã infir
mo periculũ qd icurrit nisi fecerit quod ecclesia pci-
pit, non obstãte qƷ plurimũ terreat. Justus est enim
vt cũ terrore salubri ɔpũgat ꝯ saluet: qƷ qƷ cum blã-
dicijs ꝯ dissimulatione nociua condẽnet. Absurdum
quippe nimis est ꝯ christiane religioni ɔtrariũ, imo
dyabolicum: vt hoi christiano morituro corporis ꝯ
aïe periculũ ex humano timore ne conturbetur. ab-
scondat. Quocirca ysaias propheta regem ezechiã
egrotãtem vsq̃ ad mortẽ salubriter terruit. dicens
eum moriturum cum adhuc mori non deberet. Et
gregorius monachum proprietarium in mortis articulo constitutum, vt in quarto libro dyalogorum le-
gitur: terruit ad salutem. Jtem presentetur infirmo
imago crucifixi que semper circa ĩfirmos est habẽ-
da, vel eciã beate marie virginis, aut alterius sancti
quem pridem sanus venerabatur. Habeat eciã ibi-
dem aqua benedicta, que super infirmũ ꝯ alios cir-
cũquaq̃ frequẽter aspergat. vt sic ab eodem demones compescant. Sed si non sinat oĩa premissa breuitas: preponẽde sunt orōnes ille presertim que nostro saluatori dño nostro Iesu christo dirigũt. Nequa-
qƷ eciã cuiqƷ morieti amici carnales, vxor, liberi diui-
tie, ꝯ alia tp̃alia ad memoriã reuocent vel reducant
nisi q̃tũ infirmi sp̃ualis sanitas postulat ꝯ requirit.
Porro i materia ista que extreme necessitatis extat

subtilissime considerēt atq̃ pōderēt singula puncta et sinē q̃bus abiecte sūt aduerbia: eo q̃ non verbis sed aduerbijs meremur prout in cōpēdio theologice veritatis li. v. c. x. cōtinetur. Cū aūt placide libēter z sine periculo bñ z secure mori velit z meritorie talis curare debet studiosus, vt moriēdi artē eiusq̃ dispositionem iuxta p̃missa dum adhuc sanus sit sollicite studeat z discat, nequaq̃ mortis expectans ingressum. Nam dico tibi karissime frater, in veritate crede michi q̃ morte aut graui infirmitate ingrediente: ipsa deuocio egredież z q̃to propinquus hec accesserit seu se inuoluerit, tanto longius illa fugam dabit. Si ergo non vis decipi, nec errare: si vis securus esse: instanter age quod potes dū sanus es, et vsum ratōis habes: bñ disposite: vt dñs actuū tuorū esse possis. O q̃ multi imo infiniti vltimā necessitatē expectātes: seipsos decipiunt z deceperūt, atq̃ neglexerunt. Viue ergo frater atq̃ caue si placz ne z tibi sic cōtingat. Nulli ergo incōgruū vel mirū videat̃ de tam solerti cura z sollicita dispositione ac studiosa exhortatōe ipsis morientibus vt præmittit̃ exhibenda. qz nimirum tāta talisq̃ vis z necessitas ipsis est indita ac incumbit: vt si possibile esset tota ciuitas ad morientem in orōnibus conuenire deberet festinanter sicut in quibusdam religionibus extat vbi statuitur q̃ quando infirmus morti appropinquat tunc tabula pulsetur. vt mox audita tabula quacūq; hora omnes fratres vbicunq; fuerint dimissis omnibus occupationibus occurrant q̄ cicius possint morienti. Unde et dicitur q̄ religiosi et mulieres propter sui status honestatem currere nō debent: nisi ad morientem, vel ad ignem.

Sexta particula de orationibus dicendis in articulo mortis.

Ultimo sciēdū est q̄ orationes sequentes dici possunt super infirmū laborātē in agone cui si est persona regularis: tūc cōuocato cōuētu p̄imū cum tabula vt moris est, premittitur letania cū orationibus et psalmis consuetis atq; ordinarijs more solito. Postea vero si adhuc superuiuit subiūgūtur orōnes sequētes ab aliquo p̄sentiū prout oportunū fuerit z tp̄s patiet q̄ etiā pluries iterari possunt p̄pter infirmi deuotionē: si vsum habuerit ratōnis hoc tn̄ de salutis necessitate non oportet. sed p̄pter ifirmi cōmoditatē atq; deuotionem laborātis in extremis fieri pōt. Porro apud ifirmos seculares dicant orationes iste prout deuotio z dispositio ac cōmoditas ipsoꝝ z assistentiū exigit z requirit tēpus. Sed sunt heu paucissimi non solū apud sc̄lares: verūetiā in pluribus religionibus qui hmōi sciencie habeant artē, z in mortis articulo suis proximis fideliter assistant interrogando, monēdo, īformādo, ac etiā p̄ ip̄sis exorādo vt p̄ferr̄t p̄sertim cū ipsi moriētes nondū velint mori, et ita sic morientiū miserabilit̄ p̄clitant̄.

⁋ Sequuntur orationes.
Oratio ad Iesum christum.

Per amorẽ qui te dignissimũ/innocentissimũ/ et dilectissimũ paterne caritatis filium, p̃ nobis factũ hoiem/ vulnerari ac mori pro salute hois
fecit. Indulge famulo tuo. N. misericordissime ihesu
oẽ q̃d cogitatu/ verbo vel facto/ affectionib? vel nu
tibus/ viribus z sensibus corporis z anime deliquit
et veram remissionẽ tribue illi sufficientissimã emen
dationem illã/ qua totius mundi culpas soluisti ac in
plenã suppletionem oim negligenciarũ suarũ adde
illi perfectissimã conuersationẽ illã quã ab hora con
ceptionis tue vsq̃ in horã mortis habuisti. z insuper
fructum oim bonoz operũ qui tibi ab inicio mundi
vsq̃ in finem ab omnibus electis placuerũt vel placere potuerunt. Qui viuis. zc.

Oratio ad spiritum sanctum.

In vnione feruẽtissimi amoris qui te vitã oim
viuentiũ coegit icarnari. z ãr i ato spiritu i cru
ce mori: pulsamus ad medullã benignissimã cordis
tui vt aĩe famuli tui. N. fratris nostri oĩa pctã dictas
et tue sctissime ꝗuersatiõis ac p̃dignissime passionis
merito obmissa supleas. faciasq̃ expiri sup abundã
tissimã multitudinẽ miserationũ tuaz nosq̃ omnes
specialiter istã personã fratrẽ nostrũ quẽ ꝓprie voca
re disponis: prepares placatissimo tibi mõ sibiq̃ et
vniuersitati vtilissimo cũ dulci paciencia: vera p̃nia

plena remissione pctõrũ fide, spe firma / et caritate
perfecta: et in perfectissimo statu inter dulcissimũ
amplexũ et suauissimũ osculũ tuum feliciter recipi=
as ad tuam eternam salutem.

Oratio ad deum patrem.

In manus ineffigurabiles mie tue pater sctē pater iuste et amantissime cõmēdamus spiritum
famuli tui. N. fratris nostri secundũ magnitudinem
amoris quo se aia filij tui sctissima in cruce tibi com
mēdauit, suppliciter deprecātes: quatinus per illā i
estimabilē dilectionis caritatem qua tu diuina boni
tas in se totā traxit illam sanctissimam aiam vt i ho
ra vltima famuli tui N. fratris nostri suscipias in eo
dem amore spiritum eius. Amen.

Oratio ad sanctum michaelem.

Sancte michael archangele dñi nostri iesu xpi
succurre nobis apud altissimũ iudicez. O pu
gil inuictissime assiste nunc famulo tuo. N. fratri no
stro in extremis valde laborantī: et defende eum po
tenter a dracone infernali / et ab oĩz spirituũ fraude
malignorũ. Insup exoramus te pclarũ atq̃ decor mi
nistrũ diuinitatis sũme, vt in hac extrema hora vite
fratris nostri benigne suscipias: ac leuiter aiam ipsi
us in sinũ tuũ dulcissimũ, et perducas eā in locũ pa=
cis refrigerij et quietis. Amen.

Oratio ad beatam virginem
mariā matrem misericordie.

O Intemerata τ ieiūnū bn̄dicta v̄go maria tocius āgustie adiutrix. succurre nobis dulcis τ ostende famulo tuo. N. fratri nostro i extremis tuā gloriosam faciem i vltia necessitate sua. τ disperde omnes ini͡micos ei̯ i v̄tute dilecti filij tui dn̄i nostri iesu chr̄isti τ sancte crucis: τ libera eū de oī angustia corporis τ aīe: vt laudes dicet dn̄o deo i secula seculorum. Amen.

Oratio ad Iesum christum.

Eya mi dulcissime redemptor pissime iesu benignissime per illā lachrymabilem vocē quā in humanitate moriturus pro nobis doloribus τ laboribus passionis adeo consumptus es: vt te derelictum a patre clamares ne lōge facias a famulo tuo N. fratre nostro auxilium tue miseratōis i hora τ in momēto afflictionis aīe sue pre defectōe τ consumptione sp̄us te inuocare in extrema hora mortis scire non valente. sed per triumphum sancte crucis: τ p salutē salutifere passionis τ amorose mortis tue. Cogita de ea cogitatōes pacis τ non afflictōis sed misericordissime miseratōis τ consolatōis: τ libera eam de oībus angustijs ipsius q̄ manibus quas pro ea in sancta cruce figi pmisisti: clauis acutissimis iesu bone τ dulcissime pater τ dn̄e: erue eam a tormentis sibi deputatis: τ perduc eā in requiem eternā cum voce exultationis τ confessionis.

Oratio ad Iesum christum.

Misericordissime domine iesu christe fili dei viui in
vnione illius commendationis qua tuam sacratissimam animam
patri tuo celesti in cruce moriens commendasti, commendamus
ineffabili tue maiestati animam famuli tui fratris nostri
orantes misericordissimam bonitatem tuam: quatinus pro
omni honore et meritum eiusdem anime tue sanctissime: per
quam saluantur omnes anime, et a morte debita liberatur anima
famuli tui .N. dilecti fratris nostri misereris, libe-
rans eam misericorditer ab omnibus miseriis et penis, et
perducas eam propter amorem et intercessionem tue dulcissime matris semperque virginis marie ad contemplandam glo-
riam tue iocundissime visionis. Qui cum deo patre et spiritu
sancto viuis et regnas deus. Per omnia.

Oratio ad deum patrem.

Quesumus misericors deus, qui secundum multitudinem miserationum tuarum peccata penitentium de-
les et preteritorum criminum culpas per venie remissionem euacuas. Respice propicius super hunc famulum
tuum .N. fratrem nostrum, remissionem omnium peccatorum
suorum tota cordis confessione poscentem, exaudi depre-
cantes, renoua in eo piissime pater quidquid in eo terrena fragilitate corruptum est, vel quidquid dyabo-
lica fraude violatum est, et vnitati corporis ecclesie
membrum redemptionis congrega. Miserere domine gemi-
tuum suorum, miserere lachrymarum eius et non habentem
fiduciam nisi in misericordia tua ad tue reconciliationis sacra-
mentum admitte. Amen.

Commendatio morientis.
Oratio super infirmū.

Commendo te oīpotēti deo kariſſime frater, et ei cuius es creatura, ōmitto: vt cū hūanitatis debitū morte interueniēte pſolueris ad creatorem tuū qui de limo terre te formauit reuertaris. Egrediente itaq̃ aīa tua de corpore/ ſplendidus angelorū cetus occurrat: iudex apłorū tibi ſenatus ſubueniat. Cādidatorū tibi martyrū triūphator exercitus obviet. luci de rutilantiū te confeſſorū turma circūdet. iubilantiū te virginū chorus excipiat. et brē quietis in ſinu patriarcharū te āplexus aſtringat. mitis atq̃ feſtiuus dn̄s nr̄ Jeſus xp̄s tibi complexus appareat qui inter aſſistentes ſibi te iugiter intereſſe decernat. Ignores oīno qđ horret in tenebris. quod ſtridet in flamis. qđ cruciat in tormentis. Cedat tibi nequiſſimus ſathanas cū ſatellitibus ſuis nec in aduentu ſuo te vincat ſed corā āgelis dei cōtremiſcat ac ineterne noctis chaos immane diffugiat. et exurgat deus et diſſipent oēs inimici eius. ʒc. Sicut deficit fumus. ita deficiant. ʒc. ⁊ iuſti epulent ⁊ exultēt in ōſpectu dei. Cōfundāt igit̃ ⁊ erubeſcant cōtra te tartaree legiones/ ⁊ miniſtri ſathane iter tuū ipedire nō audeant: liberet te a cruciatu xp̄s qui pro te mori dignatus eſt/ et conſtituat te chriſtus filius dei viui intra paradiſi ſui amena et ſemper virentia. ⁊ iam inter oues ſuas verus te ille paſtor agnoſcat. Ille te ab

c i

oĩbꝰ pctĩs tuis absoluat atq̃ ad vertȧz i electoꝝ suoꝝ sorte te cõstituat· vt redẽptoꝛẽ tuũ faciẽ ad faciẽ videas· ⁊ p̃sens semp assistas manifestissimã b̃tis oculis aspicias vitatẽ·p̃stitut? In c̃agmis b̃toꝝ c̃tẽplatõis dine gaudio potiaris i secula seculoꝝ amen·

Alia oratio·

PRoficiscere aĩa xp̃iana de hoc mũdo· In nomine p̃tis oĩpotentis qui te creauit· In noĩe Iesu xp̃i filij· eius qui ꝓ te passus est· In noĩe sp̃us sc̃i qui i te fusus est· occurrãt ⁊ succurrãt ãgeli thꝛoni ⁊ dñatões· p̃icipatus ⁊ potestates atq̃ virtutes cherubin atq̃ seraphin· subueniãt tibi patriarche ⁊ pꝛophete· apostoli ⁊ euãgeliste· martyres ⁊ cõfessores· monachi ⁊ heremite· virgines ⁊ vidue· ĩfantes ⁊ innocentes· Adiuuẽt te orãnes oĩm sacerdotum· ⁊ leuitarum ⁊ oĩm ecclesie catholice graduũ· vt in pace sit locus tuus· ⁊ habitatio tua i hierusalem celesti· ꝑ eundem christum dñm nostrum amen·

Sequunt̃ alie orãnes bone ⁊ vtiles dicẽde sup̃ agonizãtes sũpte ex tali exẽplo·

HUit quidã papa qui dũ ad extrema venisset intrꝛogabat capellanũ suũ virum ydoneum quẽ plurimũ diligebat: quibus suffragijs post moꝛtẽ eũ vellet iuuare apud deũ· Qui respõdit q̃ oĩbus modis qbus posset: ⁊ q̃cũq̃ iuberet ꝓ salute aĩe sue fieri vellet· Tũc papa ait· Nõ posco a te aliud subsidium nisi dum videris me i agonia positum dñicam orationem dicas pro me tribus vicibus. Qui sibi hoc libētissime facturū pmisit. Ad quē papa. Dum primū pr̄ nr̄ dixeris: dic in honore agonie iesu xp̄i obsecrans vt multitudinē sui sudoris sāguinei quē p̄ timore sue angustie pro nobis copiosissime effudit: cōtra multitudinē pctōrū meorū patri offerre z ostēdere dignet̄ pro oib᷎ angustijs quas pctis meis exigentibus merui. Cū secūdū pater noster dixeris: dic in honore oim passionū z amaritudinū iesu xp̄i quas in cruce sustinuit: z maxime in illa hora qn aia eius scr̄issima de suo corpore sacratissimo est egressa p̄i offerre: z ostēdere dignet̄ contra ōes penas z passiones quas pro pctis meis timeo meruisse. Cum dixeris terciū pr̄ nr̄. dic in honore ineffabilis caritatis iesu chr̄isti que ipm̄ de celis ad terram: z tolerācias oim harū passionum traxit in hac charitate saluare me et celos michi aperire dignetur: qui meis meritis saluari nequeo: nec celeste regnū obtinere. Dis dictis promisit capellanus hec omnia libentissime se facturū. quod z fecit cum diligentia et deuotiōe qua potuit. Post mortem reuersus est papa splendidus et coruscans gratias imensas sibi referēs dicēdo: sine omni pena se fore liberatū. Nam post primū pater noster. iesus xp̄s suuz sanguinem pro me ostēdens oēm meam propulsauit angustiā. Post secūdū pater noster. per amaritudinem oim passionum tuarum oia peccata mea vt nubem deleuit. Post ter-

c ij

cium pater noster/ p̄ caritatem suā celos reserauit τ
me cū gaudio introduxit. Propter hāc reuelationē
quā prēdict⁹ capellanus q̄ plurib⁹ referebat i pluri
bus locis mox inoleuit vt ibidē p̄dict⁹ modus orādi
apud morientes deuote seruaret̄ sub spe certissima:
q̄d ipsa oro valet hoiem a demonibus liberare: pctā
delere: τ celeste regnū aperire. Auxilio dn̄i nr̄i iesu
xp̄i. q̄ est bn̄dict⁹ i scl̄a sclo̅r̅ amen. Dic ergo p̄mo.
kyrieleyson. xp̄eleyson. kyrieleyson. Dn̄e miserere
nobis. Pr̄ nr̄. Aue maria. Saluator mūdi salua nos
qui per crucē tuā/ τ tuū sanguinē redemisti mūdum
auxiliare nobis te deprecamur deus noster.

    Oratio ad iesum christum.

Dn̄e iesu xp̄e p̄ agoniā τ orationē tuā sacratissi
 mā qua orasti p̄ nobis i monte oliueti qn̄ fa-
ctus est sudor tuus sicut gutte sanguis decurrentis i
terrā. obsecro te: vt multitudinem sanguinei sudoris
tui quem pre tiose āgustie tue copiosissime p̄ nobis
effudisti offerre τ ostendere digneris deo pr̄i oipotē
ti contra multitudinē oim pcto̅r̅ hui⁹ famuli tui. N.
(ie tue) τ libera eū i hac hora mortis sue ab oib⁹ pe
nis τ āgustijs quas pro pctis suis timet se meruisse
Qui cum pr̄e. 7c. Scd̄o dic sic. kyriel̄. xp̄el̄. kyriel̄.
Dn̄e miserere nobis. Pr̄ nr̄. Aue maria. Sāctifica
nos dn̄e signaculo sc̄e crucis vt fiat nobis obstaculū
cōtra seua iacula oim inimico̅r̅. defende nos p̄ lignū
sc̄m̄ τ p̄ciū iusti sanguinis tui. cū quo nos redemisti

Alia oratio ad Iesum xpm

Dñe Iesu xpe q̄ p nobis moṛ dignat⁹ es ī cruce/obsecro te vt amaritudies oīm penarum tuaru̅ quas p nobis miseris pctōribus sustinuisti in cruce: quādo scissima aīa tua egressa est de corpore tuo offerre τ ostendere digneris deo pr̄i oīpotēti p aīa famuli tui·N·(Ie tue) τ libera eā ī hac hora exit⁹ sui ab oīb⁹ penis τ passionib⁹ quas p pctis se tiet meruisse· Qui viuis·τc· Tercio dic sic· kyriel· xpel· kyriel· Dñe miserere nobis· Pr̄ noster· Aue maria Protege/salua/bñdic/scīfica dñe famulu̅ tuu̅ (Iam tuā) per signu̅ scē crucis morbos auerte aīe τ corporis ac contra hoc signu̅ nullu̅ stet periculum·

Sequit̄ alia oratio ad Iesum xpm

Dñe Iesu xpe q̄ p os p̄phete tui dixisti ī caritate perpetua dilexi te: ideo attraxi te miseras tui· Obsecro te vt eādem caritatē tuā que de celo ī r̄ā ad tolerāctas oīm passionu̅ tuarum τ amaritudinu̅ te attraxit: offerre τ ostendere digneris deo pr̄i oīpotenti contra oēs penas τ passiones hui⁹ famuli tui·N·(Ie tue) quas p pctis suis timet se meruisse· salua aīaz eius ī hac hora exitus sui τ aperi ei ianuā vite· τ fac eā gaudere cu̅ scīs in gloria ēr̄na· Qui cu̅ deo patre τ spū sancto viuis τc·

Alia oratio ad Iesum xpm·

Dñe Iesu xpe qui redemisti nos p̄cioso sanguine tuo· scribe in aīa huius famuli tui (Ie tue)

c iij

n̄ vulnera tua precioso sanguine tuo vt discat ī eis legere tuum dolorem et tuum amorē. Dolorē p̄tꝛ oīs dolores ⁊ penas quas pro p̄cꝭ suis se timet meruisse. Amorem vt vulꝫ tibi amore suisibili quo a te ⁊ ab oībus electis tuis nšq̓ possit ī eternū separari. Et fac eā dn̄e Iesu xp̄e p̄tīcipē sacratissime incarnationis, passiōis resurrectiōis et assensiōis tue fac eā p̄tīcīpē sacratissimorū misteriorū et sacramentorū tuorū fac eā p̄tīcipē oīꝫ orōnū ⁊ bn̄factorū que fiunt in eccl̄ia sct̄a tua, fac eā p̄tīcīpē oīm bn̄dictionū grāꝛū meritorū ⁊ gaudiorū oīm electorū tuorū qui tibi placuerunt ab initio mundi ⁊ ꝑcede, vt cum his oībus in tuo ꝓspectu gaudeat in eternū. Qui cū patre ⁊ spū sancto viuis ⁊ regnas deus ⁊c.

Cum autē tota salus hoīs in fine consistat: sollicite curare debꝫ vnusq̄sq̓ vt sibi de socio vel amico fideli ⁊ deuoto acḋ doneo ante mortē prouideat qui in extremis ei fideliter assistat, vt ad fidei constanciā, patienciamꝙ atꝙ deuotionem, necnon confidentiam atꝙ perseuerantiam ipsum sollicite incitet ⁊ animet, vt etiā demū in agonia oēs orationes p̄cedētes ⁊ subsequētes sup eū fideliter legat atꝙ dicat eū attentiōe ⁊ intentiōe debita atꝙ deuota. Ad quarū tn̄ orationū efficatiā oīno extat necessaria dispositio p̄euia morētis, sicut i p̄cedēti materia de arte moriendi certius est expressum. Unde vnicuiꝙ certe, bene et secure mori volētī: super omnia est

necesse vt p̱uenienteq̱ eum mors occupet: mori discat. Sed heu pauci sunt qui se ad id p̱parēt: neq̱
qui proximis suis subueniant seu assistant/eos inter
rogando monendo ⁊ pro ipsis orādo. presertim cum
ipsi morientes nondum mori velint. ⁊ sic anime morientium sepe miserabiliter periclitant̄: propt̄ quod
cito tecum erit hoc actum. Vide quomodo te habeas homo hodie es. ⁊ cras non compare s. Cum autem sublatus fueris ab oculis: cito transis a mente.
Ebetudo ⁊ duricia cordis huāni est q̱ solum presen
tia meditat̄ ⁊ futura magis non p̱uidet. Sic tei oi
facto ⁊ cogitatu deberes tenere quasi stati esses mo
riturus. Si bonam consciencia haberes: non multum mortem paueres. Melius esset pctā cauere: q̄
mortem pauere. Si hodie non es paratus: quomodo cras eris: cras est dies icerta: ⁊ quid scis si crasti
nū habebis. Quid p̱dest diu viuere quādo parum
emendamur hac longa vita non semper emendat̄:
sed sepe magis culpa auget̄. Vtinā per vnum diem
bene essemus conuersati i hoc mundo. Multi ānos
plures computāt conuersatōis. sed sepe paruus fru
ctus emendatōis. Si formidolosum est mori: forsan
periculosius erit diutius viuere. Beatus qui horā
mortis semper ante oculos habet. ⁊ ad moriendum
quotidie se disponit. Si vidisti aliqñ hoiem mori. co
gita q̱ ⁊ tu per eādem viā trāsibis. Cum mane fueris puta te non ad vesperā p̱uenturum. Vespere
c iiij

aut facto nõ audeas tibi crastinũ polliceri. Semp
ergo paratus esto/ ⁊ aliter viue: vt nunqȝ te improuis
sũ mors iuentat. Multi subito ⁊ improuise moriuntur
Nã hora qua nõ putat filius hois vēturus est. Oñ
em hora extrema venerit: multũ aliter sentire inci
pies de tota vita tua preterita ⁊ valde dolebis: qȝ
tã negligēs fuisti ⁊ remissus. Quã felix et prudens
est q̃ talis nũc nititr̃ esse in vita: qualis tũc optat iue
niri in morte. Dabit nanqȝ magnam fiduciã fideliter
moriendi perfectus cõtēptus mũdi amor discipline
labor penitētie feruēs desideriũ in virtutib9 proficiē
di: promptitudo obediēcie: abnegatio sui ⁊ suppor
tatio cuiuslibet aduersitatis pro amore xp̃i. Multa
bõa operari potes dũ sanus es: sȝ infirmus nõ pote
ris. Pauci ex infirmitate emēdãtur: sic est quoniã q
multũ pegrinãt raro sctificãt. Noli confidere super
amicos ⁊ primos: nec in futuris salutē tuã differas
qȝ citius obliuiscent̃ tui homines: quos hoc pte fa
cturos extimas. Melius est nunc tēpestiue prouide
re ad aliqui boni pagere: q̃ aliorum auxilio sperare
Si non pro te sollicitus sis modo: quis erit pro te in
futuro. nũc tp̃s valde pciosũ est. nunc sȳnt dies salu
tis. nunc tēp9 acceptabile. prohdolor qd̃ hic vtilius
non expendis: in quo promereri vales: vnde eternali
ter viuas qñ vnum diem siue horã pro emendatione
desiderabis/ ⁊ nescio an impetrabis. Eya karissi
me si semper timoratus fueris: posses te de magno

periculo liberare/maxime si de morte fueris suspectus. stude nunc viuere taliter: vt in hora mortis valeas pocius gaudere q̃ timere. Disce nunc mori mundo: vt tunc incipias viuere chr̃isto: disce nũc oĩa contenere: vt tũc possis ad xp̃m p̃gere. Castiga te nunc p̃ penitẽciã: vt valeas certã habere fiduciaz. Ad q̃d te stulte diu victurũ estimas: cũ nullũ habeas diem securũ: q̃ multi decepti sunt. quotiens audisti aut vidisti q̃ ille gladio cecidit: ille submersus est in aqua ille ab alto ruẽs ceruicẽ fregit. ille manducando occubuit. ille bibendo finẽ fecit. alius igne. alius peste. alius latrocinio periit: ⁊ oĩm finis mors est. et vita hoĩm tanq̃ vmbra mortis subito pertransit. Quis memorabitur tui post mortem et quis orabit pro te: age nũc karissime quidquid agere pro te de vtilissimo poteris: quia nescis qñ morieris: nescis etiã q̃d tibi post mortẽ sequet̃. dũ tempus habes congrega diuitias imortales: preter salutẽ tuaz nichil cogites: solũ que dei sunt cures. fac nunc tibi amicos. id est venerare dei sctõs et eorũ actus imitare: vt cum defeceris in hac vita. illi te recipiant in eterna tabernacula. Serua te pegrinũ ⁊ hospitẽ sup terram ad quam nichil spectat de mũdi negocijs. serua cor liberũ ⁊ ad deum sursum erectũ. qz nõ habes hic ciuitatẽ manẽtem. Illuc preces et gemitus quotidie nos cũ lachrymis dirige: vt spiritus tuus mereatur ad dominũ post mortem feliciter transire.

De morte tua ita poteris formare meditationes. Primo vt horam mortis semper suspectam habeas, cogita qƺ improuiso mors veniet, qƺ sicut fur veniet quado minime sperabis, quado minime cogitabis, quado mime disposuisti, quado adhuc diuci⁹ te viuere sperabis τ cogitasti, habe te nū qƺ sicut si tu statim esses moriturus, τ melius senties que sequunt̄. Cogita itaqƺ qualis morte precedit grauissima ifirmitas, cum tales ifirmitates non sunt nisi precones eius. Vide ergo grauitatem huius ifirmitatis, cogita errorem naturalis iclīatōis appetētis permanere. Cogita itaqƺ cum iā homo se senserit a mundo trāsiturum, siue medicis hoc dicentibus, siue per seipsum senserit, qualis tunc erit clamor consciēcie, qualis recursus i eo qƺ se non disposuit, tunc eīi ipsa pcta ad memoriā confluent. Et cogita quantum de singulis pctis tuis τ passiōibus cruciaberis: qūi illa non vicisti. Cogita si i tali articulo mortis nō ̄tritus a pctis sis, quāto desiderio desiderares vnā horā sanitatis, vel annū pro emendatōe. Cogita homo cum ad illā horā veneris, τ hic trāsibis, a tempus pretitum compaueris ad eternitatem, ad quā trāsibis, quam breuis tibi videbit tota vita tua apparebit tibi breue somniū: τ ita erit tibi totum tēpus tuū τ tota vita tua, ac si per modum spacij parui, puta dimidie leuce percepisses. Cogita quantus erit dolor cum videbis qƺ propt tā paruam delectationem illa sempiterna gaudia amisisti. Cogita quam amara erit separatio ab his que vitiose dilexisti: puta ab honore tuo: quia hic in alto statu totis viribus honorem quesiuisti/vel voluptates tuas. et sic de consimilibus. Considera dispositionem morientis quomodo totum corpus nigrescit et rigescit: oculi contabescunt. Cogita quomodo demones sunt ibi preparati ad escam tanqp leones rugientes expectantes animam. Deinde considera quomodo aia in egressu suo, cū inceperit considerare regionē ignotā/z quot demones eā expectāt: qp inuite exit/z qp libēter rediret ad corpus suū sed non potest quia clause sunt fenestre sensuū et aditus vitales. Cogita ergo transire ad caterūas inimicorū. cogita quomodo tūc singuli spūs vitiorū ad eā occurrēt querētes sua in ipsa: videlicz spūs superbie superbiā. spūs luxurie luxuriam. et que sua sunt et sic de aliis.

Ultimo aduertendū quomō aia egressa de corpore statim statuet ante tribunal iudicis que ex hoc tunc vsqp in eternum non reuocabit. et vbicūqp legauerit ibi manebit. Deide cogita quomodo tandem corpus tuum tradet sepulture z perpetue obliuioni. hospes fuit hic z obijt z memoria eius recessit de terra. Poteris autē modū hunc ex contrario assumere de morte iustorū. Nam illi videntes se de hoc mūdo migraturos gaudēt. in testimoniis cōscience exultant qp liberant de ista miseria:

et quia hic non fuerunt ligati concupiscencijs: non volent hinc exire.

De penis infernalibus.

Imaginare ipsm infernū scdm quasdā similitudines a sanctis super hoc positas. Aspice igit chaos horribilissimū locum subterraneū puteū profundissimū z totum ignitum, imagiare ciuitatē horribilē z magnā ac penitus tenebrosam obscurissimis z terribilissimis flāmis succensam. clamātibus vlulātibus z plāgētibus vniuersis singultibus iexplicabilibus z similibus posse explicare. Cogita de penarū acerbitate. Dr em ille ignis ad ignē nostrū tanti esse caloris: quāti nostri ignis est ad ignem depictū: z ita cogita de frigore z fetore. Huius penalitatis acerbitas patet ex stridore dentiū. ex gemitu, planctu z blasphemia dei. z sic de alijs. Cogita de penarū multiplicitate. ibi est ignis iextinguibilis z obscurissimus frigus itolerabile. fetor horribilis. tenebre icomparabiles. Ibi em erunt pctā i oi sensu. i visu per horribiles visus z aspectus demoniorum. i auditu per lamentabiles gemitus z clamores. Cogita de miserabili societate z crudelitate tortorū sine oi mia in torquendo non fatigatorum: nec ad miam ꝓmouenk. i sultabunt em dicētes. vbi nūc gliā. vbi nūc altus status. vbi nūc est superbia? Cogita quō ibi p mēbra qbus qs peccauit: per eadem z punietk. Ita vt i oibus membris ibi penā senciet z sustiebit. Cogita eciā de pena intioꝛi: vz de intioꝛi moꝛſu conſciencie/ꞇ de gloria eoꝝ/qui nõ moꝛient. Quis poteſt cogitare ſufficient q̇tum doleãt q̇ illã penã modicis doloꝛibus ꞇ bꝛeui tp̃e non euaſerũt. Item paſſiones marie i eis regnabunt. Erunt eñ marie iracũdi ꞇ iuidi. ꞇ erũt ita ſimul ſicut canes rabidi. Item recoꝛdabunt pꝛioꝛes delectatões ad augmentum pene. vñ ibi lametabunt dicẽtes. Quid nobis pꝛofuit ſuperbia: Cogita de duratione penarũ qd̄ ſcz nunq̇ erit ſinẽ habitura non poſt mille milia annoꝛũ: imo non poſt tot annos quot poſſent in mille milibus ãnis noiari. q̇ vbi nulla redemptio: ibi nullus finis.

De extremo iudicio ſeu examine q̇tus tunc erit tꝛoꝛ. Ipſa enim tuba angelica mirabilis tremenda ſigna/fulgura/coꝛuſcationes percucient coꝛda hoim̃ ꞇ pauere facient. Cogita ſi potes magnitudinem ire iuſti iudicis venientis ꝯtra eos qui eũ offenderũt/ꞇ q̇tum mali trebunt. imaginare quomodo ꞇ q̇ amara fiet ibi diuiſio. Ponent enim iuſti humiles ꞇ mites ad dexteram. Superbi iuidi ad ſiniſtrã inetuſi a modo non coniungendi. Nũc ſunt duo. vnus aſſumet. ꞇ alius relinquet. Cogita quid hoꝛꝛoꝛis ꞇ timoꝛis/quid admiratõis erit ſuperbis ꞇ elatis huius mũdi: cum ſe a deo abiectos/viles/pauperes ꞇ deſperatos: quos inſanos putabant ad dexteram chꝛiſti i gloꝛia viderit aſſiſtentes. Tunc eñ penitentiã intra ſe agentes dicent. Ecce hi quos aliquando habuimus in derisum. Et iusti stabunt in magna cōstancia aduersus eos qui se angustiauerūt. Cogita quomodo oīm operū τ cogitationū fiet redditio Jerusalem eñ scrutabitur in lucernis/ idest q̇ apparēt velut sc̄i iuestigabūtur ibi: τ quicq̇d occultū ī eis fuerit ad lumē veniet testes eñ erūt q̇ ostēdēt eis oīa que fecerūt/ vbi et qñ. Jtē ppriū scel⁹/ et tot⁹ mundꝰ dabūt testimoniū cōtra pctōres. Cogita quomō chr̄stꝰ exhibebit ibi passionis sue insignia τ quomō p̄ illā exprobrabit nobis ea que contēpsimus. Cogita de illo tonitruo horribili/ et irreuocabili sentēcia Jte maledicti in ignē eternū. Cogita de dulcissima suitatōe iustorū ad sempiternā cenā per illā bn̄dictā vocē. Uenite bn̄dicti p̄ris mei. τc. Cogita q̇ magna sunt opera mie. τ pietatis cum ea solum chr̄stꝰ ad iudiciū suū adducere videat̄. Cogita q̇ iusti ibunt in vitā eternā, iusti autem ī supplicium sempiternū. τ hec duo loca semper diuisa manebūt.

De gaudiis supercelestibus. Imaginare locū illum per imaginarias similitudines a sc̄tis pro nostra capacitate inuentas. Est enim ciuitas ex auro mundissimo/ gemmisq̇ preciosissimis mirabiliter constructa. singule porte ex singulis margaritis Est campus speciosissimus omniū florum pulchritudine decoratus. Jbi estatis amenitas: ibi odoris suauitas. Cogita q̇tum potes: q̇tum erit gaudium ex visione sāctissime trinitatis/ in qua relucet exem

plar omnis pulchritudinis: omnis bonitatis: ois sū
auitatis: quam videndo omnia scienda scies: τ quic
quid volueris in ea habebis. In cuius eciam visione
beatificaberis. Cogita humanitatem chrīsti quomo
do cum hīc fuit propter nos pauper τ vilis τ homo
ibi sublimis erit deus τ homo. Cogita de gaudijs
que habebis ibi de societate gloriosissime virginis
marie τ oīm alīū sanctorum apostolorum martyrum
confessorum τ virginum. τ qꝝ de cuiuslibet gaudio
gaudebis. τ tu cogita de dotibus quas ibi corpus
tuum recipiet que sunt: immortalitas, impassibilitas,
summa agilitas, τ maxima speciositas. Cogita de
dotibus anime quibus ipsa splendebit que sunt ple-
nitudo scientie iusticie τ leticie. Cogita ex his dotibus ꝙ multa alia cōsequeris. videlicet securitatem
qua non timebis. ecclesiastici. Non timebis a tenta
tione inimici. Inde tibi summa libertas, inde sanitas, inde voluntas, inde amicicia, inde honor, inde
concordia. Et breuiter habebis ibi quidquid volue
ris: τ quidquid volueris non habere non habebis:
dicit anselmus.

¶ Sequuntꝛ signa sex quibus homo potest conside-
re de salute. Dicit anselmus ꝙ sex interrogationes
debent fieri homini cōstituto ī mortis articulo. Pri
ma est ista. Si credis ea que sunt christiane fidei ꝙ-
rum ad oīa deteriata ab ecclīa. Dicat Credo. Sc̄da
gaudes τ letaris ꝙ morieris ī fide christi τ dicat sic.

Tercia cognoscis te grauiter deū offendisse: dicat
sic. Quarta. doles tu qᵒ deum offendisti: dicat sic.
Quita. pponis tu si vixeris, abstinere a peccatis:
dicat sic. Sexta. credis et speras venire ad salutem
eternā. nō tuis meritis sed xpi: dicat sic. Septima
nō est interrogatio sed assecutio. Si obiiciat aliquid
tibi opponas merita christi int te ᷤ ipm: ⁊ his per-
actis dicit Anselmus qᵒ sine dubio saluabitur.

Artis bene moriendi cunctis
perutilissime felix est finis.

Ad omnes angelos et precipue
ad sanctum michaelem
Carmen.

Inclyte celigena michael fulgoris amena
Alta colens regna plusqᵉ dulcedine plena.
fulmina refrena, pestes, hostes aliena
Celica terrena fac nobis alme serena
Tu nimius classis pangentis dias in aris.
Tu quia mira facis, fortis pugil, incola pacis
Tutor in hora sis a larue dente rapacis
Tu quasi iam pacis archangele te precor adsis
Te nomen predit te nempe qui a vt deus edit
Te duce vita reddit: a quo paus illa recedit.
Nam tibi concedit dominus, si quando recedit
Spūs, et credit: michael hunc ad loca reddit.
Fulgens splendore nimio, tam dignus honore
Prepositi more cunctos precellis honore.

Angelico flore transcendens cuncta decore
Demonis horrore nos paues atq[ue] dolore
Signifer o christi serpentem qui domuisti
Mors antichristi monstrabit q[uod] valuisti
Judicio sisti tua stabit dum tuba tristi
Per te celesti patrie iungamur honesti
Ante pericla maris in monte tuba venerâris
Apulie q[ue] paris mons est garganus honoris
Que loca preclaris virtutibus auxiliaris
Pluribus a caris huc illuc sepe vocaris
Dum zabulon vssit michael in monte reluxit
Diuisum duxit fieri mare cum retro fluxit
Israel eduxit egypto barbaro cussit
Sic deus hoc iussit qui nobis propicius sit
O panias agye paradisi satrapa dye
Dux quoq[ue] milicie ruit ex qua turma golie
Athleta iusticie felix assecla marie
Princeps ecclesie da nobis dona sophye
O vos felices per celi dyndima voces
Gabriel insignes bona qui noua fers sup[er] omnes
Vos cuncti celebres raphael medicina coheres
Nos superum ciues reddere ferte preces.
Amen.

¶ Angelorum carmen explicit.

d i

Sequitur amplius
de meditatione mortis.

Quacu̅q̱ ipugnatio̅e aut tentatio̅e inpugnaris: vel pigricia̅ torpescis/et opus diuinu̅ tibi desipit/et a te negligitur: vnu̅ hoc remedium efficacissimu̅ tibi scribo. Sedeas igitur in secreto celle tue: et recollige ad te sensu̅ tuum: et memor esto diei mortis quasi nu̅c videres corporis tui mortificationem. Cogita cladem horribilem breuiter sup te veturam suscipe dolorem: et te omnino estima ee in puncto mortis: ita q̱ nullomodo effugere possis. forsitan e̅m hodie sic erit. Et caue ne dicere habeas sicut quida̅ i articulo mortis positus moriens dicebat. Heu circundederunt me dolores mortis/to: re̅tes iniq̱tatis coturbauerunt me dolores inferni circundederunt me: pocupauerunt me laquei mortis Heu me de⁹ eterne: ad q̱d in hu̅c mundu̅ nascebar? quare nat⁹ ex vto no̅ stati perij? Heu pa̅ncipiu̅ vite mee fuit cu̅ fletu̅ ⁊ dolore nunc aut finis exitus mei est cu̅ dolore miserabili et merore. O mors q̱ amara est me̅oria tua hoi pcto̅ri sed amarior e̅ p̅ntia tua. Oo q̱ tarde credidissem/q̱ tacito(et nunc)mori debuissem. S3 heu: mors tribilis ia̅ repe̅te quasi ex insidijs ersu̅pes irruisti sup me. co̅phedisti me atq̱ tuis funib⁹ circu̅ligasti me ⁊ i vinctis ferreis tecu̅ trahis

sicut trahi solet dānatus ad suppliciū mortis. Nunc
cū dolore complosis manibus emitto terribilē rugitū
mortis iperiū cupiens effugere: sed non est locus fu
giendi. Circūspicio ad omnē plagā terre: τ nō est vn
veniat auxiliū michi. Uocem audio mortis horribi=
lem festinātis: itonentis τ dicētis. Filius es mortis.
Opes: honores: ratio: nec sciēcia: nec sapientia: nec
discretio: nec amici: nec cognati: nec aliquid te valet
liberare de manu mea. Surge: exi foras. numerus
mensiū qui apud deū prefixus est: nūc oīno finiend9
est sic ū est. mutari nō potest. decretū est: ipleri opor
tet. O o mi deus: τ oportet me mori nūc: nō pōt hec
sentēcia reuocari: debeo tā cito de hoc mūdo nunqȝ
reuersurus recedere? O mortis imensa crudelitas:
o inexcogitata calamitas. Satis est (inquit mors)
Uerba nichil tibi conferēt: nec suspiria: nec lamēta
nec ploratus: nec vlulatus: quin confestim tradaris
meo iperio. vbi experieris talia que oculus tuus nō
vidit: nec auris tua percipere curauit: nec cor tuum
cogitare voluit. Satis habuisti de tēpore i quo po-
tuisti te preparare: τ cogitare necessitatē τ angustiā
huius hore. celum quiescet: sol obtenebrescet ātȝ
possis effugere iam istātē angustiā. heu mala mors
indispositum puenis me: τ ad terrā icognitā sic me
perpetuo traducere vis. propter hoc ploro nūc exi=
turus: τ nescio quo iturus. et perpetuo mansurus.
O o mi deus: veraciter nūc cognosco qȝ ventus fuit

vita mea/nec aspiciet me in hac vita visus hominis amplius. z non reuertet oculus meus vt videat bona huius mūdi/ i perpetuū relinquēda. Sed qd hec: ā plius lamētādum z plorādum z plāgēdū est dānū temporis mei/ z dierum preteritorum q̄ inutiliter z sine omni fructu trāsierūt. Deu me qualiter virt. erraui a via veritatis/ z iusticie lumen nō illuxit michi. lassatus in via iniquitatis z perditionis. ābulaui vias difficiles z infructuosas. viā autem dn̄i dereliqui in= feliciissimus. Deu michi quid profuit superbia: quid diuitiarum z voluptatum concupiscencia: quid alie narū rerum rapina: quid vana gloria: trāsierūt oīa ista tāq̄ vmbra p̄teriens/ z tāq̄ nūcius precurrēs z tāq̄ nauis que pertrāsit fluctuātem aquā: cuius cū pertrāsierit non est vestigium iuenire. aut tan̄q̄ auis que trāsuolat i aere. cuius nullum iuenit vestigium itineris illius: sed tm̄ sonit9 auditr alarum verberās leuē ventum: aut tāq̄ sagitta emissa i locum destinatum. diuisus ē m̄ aer i se continuo reclusus est: vt trāsitus illius ignoret. sic z ego cōtinuo natus desij esse et nullum virtutis signū i me monstrare valui. In iniquitate autē propria consumar. Nūc vita mea/ spes mea tāq̄ lanugo que a vento tollit/ tāq̄ spuma gracilis que a procella dispergit/ z tāq̄ fumus qui a vēto diffusus est: z tamq̄ memoria hospitis vnius diei preterientis. Et ideo sermo meus nunc in amaritudine est/ z verba mea dolore sunt plena: factum est

mestum cor meū: cōtenebrati sunt oculi mei. Quis michi det vt sim iuxta dies preteritos: quando stola fortitudinis τ sanitatis et decoris indutus eram: et plurimos annos post me expectabam: vt prouidere possem nouissima mala que irruerunt super me ī hac hora. Deu me miserum tunc non curabam temporis preciositatem immensam, cuius nec vnā horā vel momentum si darem totum mundum impetrare possem. tempus meum est exclusum: nec aliud inueniam ieternum. Deu quomodo data flatibus naui, τ freno concupiscencie laxato: dies pciosissimos in vanitate consumpsi. τ negligendo male deduxi. Nunc autem sicut pisces capiunt hamo: τ ayes laqueo: sic captus sum in tēpore malo. Tempus olim longum expectabā. nunc omni pauadus sum. Tempus michi datum: ad penitentiam peragendam dilapsum est. τ a nullo hoīe reuocari potest. Non fuit hora tam breuis, in qua spūalia lucra suo valore oīa mala excedentia cōparare non potuissem. Deu heu miserum: non est curādum si nūc stilat oculus meus pre dolore τ merore: τ palpebre mee fluūt aquis: qr tempus merendi: τ flendi statim auferendum est: τ quod preterijt negligēter expēsum nullaten⁹ reuocari pōt. O o mi de⁹: quare neglexi: quare tardaui: cur tot gratiosos dies longissimis τ vanissimis locutionibus, ociosis opibus, inanibus cogitationib⁹ in somno τ ebrietatib⁹ expendi: quare meipsum ī tan-
 d iiij

tū neglexi. O o cordis mei gemitus inenarrabiles
q̄ vanissime expēdi tēpus meum. scire volui astroru̇
cursus, celoru̇ motus, rerum eciā naturaliū causas,
herbaru̇ vires, hoim mores, entiū rōes: τ alia multa curiosissime τ vanissime studui. tps ī illis ꝯsumpsi
et fefelli. multa sciui: τ meipsum ignoraui. Deu me:
quare studui vanitati: τ quare hūc passum piculosis-
simū τ difficillimū necessario trāseūdū τ aduisandū
nō studui? quare ī tota vita mea nō didici scire bene
viuere τ bn̄ mori? Nūc aūt hūc passum velut rē iso-
litā michi mirabiliter reformido. τ certe mille anni
erāt necessarij ad preuidendum τ studendū pūctū ī
quo si errare contigerit: nil p̄cedētia aut subsequen-
tia proficient. Et qm̄ si difficulter eciam ī hoc passu
me non errare ꝯtigeret. possem aliquatenus cōsola-
ri: sed vix de mille euadit vnus quin baratrū lubacū
patiat̄. O o infelix si lapsus fuero: īperpetuū ibi ero
O stultus meipsi⁹ destructor τ p̄ditor quare per totā vitā meā non didici sciam bene moriēdi: τ ab hoc
periculo euadere? cui⁹ ignorātia τ carētia ī piculis
expositū me cruciat. Vellem scire: sed tarde. volo
me nescire. propter hoc ergo magis ac magis angu-
stiat̄ spūs meus. Et a vos qui adestis, qui miseriam
meā videtis, qui flore iuuentutis adhuc gaudetis: τ
qui adhuc tps ad merendū τ penitendū habetis: re-
spicite miserias meas. considerate āgustias meas τ
in periculo meo vestrum dānū, τ periculum futurū

precauete floré iuuētutis vrē cum deo expēdite. et in adolescentia vsq; iugum ipsius portare. tps sacris occupatōibus τ orōib9 iplete: vigilate et orate ne si milla cito pariamini. Heu grata iuuentus nunq; recupabilis qualit́ te pdidi. qualit́ te neglexi. verba increpationis iuuentus lasciua̅ les odiuit. corrigentib9 acq̇escere noluit. admonentibus aute̅ minime inclinauit: detestans sum disciplinā τ icrepātibus non acq̇euit cor meū. Ha ha mi deus: nūc in pfundū laq̄u mortis cecidi. tps ad pagendā penitencia̅ τ emēdandā vitā tā iutiliter expēdi: τ ipso in superbia τ risu abusus fui. τ nūc quidē o ifelix: locus nō est q̄i angustie me premunt vndiq̇. et de quocunq; alio dolore vel dāno cogitare nō permittūt cor meū scinditur. rene rūpūtur. ossa disiungūtur. timore et terrore mortis prostratus sum. vinculis illius ligatus. anxietatibus nimis mens mea premitur. migrare timeo. retrocedere nō valeo penitētiā facere velle̅ sed nō possum pre dolore mortis quidquid agere debeam: penitus ignoro in peccatis multis irretitus modū eua dendi nō video. Timor et ebetudo mentis alienauerūt sensum a me que̅admodū perdix sub vnguibus accipitrix mox discerpenda cōprimitur / τ p̃ angustia mortis ex animis reddit́: sic omnis fēsus a me recessit. omnis sciencia a me euanuit tanquā puluis quē proijcit vētus a facie terre. Nil aliud cogito nisi solū si quomodo euadere possim mortis discrimē

d iiij

cuius tñ via possibilis non apparet. Moror me premit, dolor me concutit, oscia me remordet et reprehendit, vndiq; circudatus sum pauatis inimicis, heccine separat me amara mors. O felix penitẽcia & matura couersio q̃ secura. qui aũt tarde sicut ego infelix per oĩa penitẽcie se couertit: de salute sua dubius et incertus erit. quia nescit vtrũ vere vel ficte peniteat timore, vel amore, vel asistenciũ fauore. Ve ve michi, q̃ tã diu vitã meã corripere distuli, q̃ tam diu salutẽ meã tardaui. O o lõganimis ꝓtractio emendationis mee. O o qualiter tãtũ tardasti, ꝓpositum tuũ fuit bonũ, sz sine executione, volũtas recta, sine opatiõe, & ꝓmissa bona sine redditiõe. hec me miserũ ꝑdiderũt & deceperũt. incitatus ad bonũ dicebã, cras, cras, sine paululum, stati, modo modo: sed modo nõ habebat modũ stati non habebat terminũ O cras cras q̃ longã restã michi fecisti. in baratrũ mortis me ꝑcrastinãdo ꝓtraxisti. decepisti me: et deceptus sum. Nõne sup̃ hoc minime affligitur cor meũ, & sauciatur aĩa mea, et o miser. si timor et vmbra sic me deterrent, vt pene exanimis iaceas: qd faciã cũ stati, ante crudelissimi et districtissimi iudicis tribunal exhibitus sentẽciã ꝑpetue mortis expectabo. Et nũc oẽs dies me transierũt tanq̃ filum quod a texente tela succinditꝛ ꝑditi sunt & irreuocabiliter ablertit. Proinde nescio si vnq̃ vnã diem vel horaꝛ expẽdi in dei mei creatoꝛis et redẽptoꝛis voluntate hoc est vn̄ vulnerantur oīa interiora mea et contremiscunt oīa ossa mea. Ha ha deus eterne: q̄ confusus ⁊ verecundus cora̅ te et sc̄is tuis adiudica̅dus stabo: cū reuelabuntur abscondita cordis mei ⁊ machinationes pessime. Cogar de oīb⁹ co̅missis ⁊ omissis reddere rationem nec erit palliandi locus aut potestas, nec fugiendi aliqua oportunitas. Dn̄e mi q̄d ad hec dica̅, aut quid facia̅? vn̄ veniet auxiliu̅ michi in primo est tribulatio vt de hoc mundo recedam, in quo tn̄ diu viuere putabam. Attendite ad me sic q̄so diligenter amici ⁊ primi mei. Ecce in hac hora magis gauderem de breui oraciu̅cula. puta de salutatione angelica deuote pro me dicta: q̄ super infinita milia auri et argenti. O mortales miseri: sicut ego forsan hodie morituri, bona facite, faciem domini in psalmis ⁊ confessionib⁹ preuenire, peccata plorate, opera meritoria multiplicate, ppheras ⁊ alios predicatores audite, et sic modo in mundo viuite q̄d in hac tristi hora et anxia doleo: et me pudet non fecisse. Nunc vellem ieiunasse assidue, vicia deplorasse et orasse ⁊ nunc dispono si mortem euaderem, me vitam angelicam perducturu̅. Sed vere iuste ego nunc quando volo, priuor potestate, qui quando potui, vti nolui data michi facultate. O deus quot horas et tempora non reditura perdidi, quot momenta, quot vana facta et inutilia pertractaui, et tam multa preciosa neglexi, non necessariis me implicaui.

necessaria autem pretermisi· aliorum adiutorio plusqz
necesse fuit/vel quam michi forsan expediebat inten
debam·et meipsum negligebam· aliorum anias lu
crabar:detrimentum mee patiebar. Audite audite
omnes qui meis interestis miserijs: qz vt videtis tē
pus michi deficit/nec reuertetur in hora huius necessitatis mee·accessi ad amicos meos·requisiui sin
gulos de qb⁹ michi spes āplior erat:petens elemo
sinā spūalē et repulerūt me dicentes· Ne forte nobis et tibi nō sufficiat·O deus pijssime miarū pater
respice ad me desolatū: τ q̄ nichil in me reperis qd
remuneres miserere saltē afflicto quē in afflictione
vides oī auxilio destitutum· Deu q̄ta bona ī tanto
tpe facere potuissē ac cōgregare: et turpiter negle
xi· O deus meus et q̄ minima opera satisfactoria
michi nunc essent grata τ valēcia· cupio saturari de
missis· q̄ cadūt de mēsa dn̄orū meorū et nemo michi
donat:et id quod thesaurizare et acqrere toto tēpo
re meo potui:oportet me nūc cū dolore τ pudore ni
mio deserere et mendicare. Putas ne magis michi
miserebuntur alieni q̄ egomet michiipsi: propter
hoc qz de eis diffido mestū est et triste cor meū· quia
defecit auxiliator· Sane enim ridiculose petuntur
auxilia in angustia/que non fuerunt ab aliquo in pa
ce quesita·sed vanius petuntur:cum ab offenso iu
dice postulantur·deum in pace mea τ prosperitate vi
te mee plurimum offendi:et quomodo aut qua facie

vel qua fiducia auxiliũ postulabo ab eo. O vos oēs compatimini michi τ miseremini mei: τ q̃diu vires supperunt τ tempus iuuat τ dies: congregate i horrea thesauros celestes τ facite vobis amicos de mãmona iniquitatis: vt cum defeceritis vna dierũ reciplant vos ĩ eterna tabernacula: τ non relinquamini vacui sicut in hac hora. vobis aliquando superuentura me vacuũ τ bonis operibꝰ priuatũ videtis. O o falax turba amicorũ: deceptrix cura medicorum oĩa bona michi promittebãt: salutẽ meã predicabãt dicẽtes michi: nichil oĩno tibi timẽdũ est: nullũ periculũ est. confiteri adhuc non cures. istrmitas hec nõ est nisi humorũ deordinatio q̃dã. q̃sce: dormi: oẽm sollicitudinem τ curã depone τ cito hec infirmitas pertrãsibit. O amici falsi. iĩmici veri ãie mee: τ deceptores salutis mee vestris p̃missionibꝰ iherendo: τ iacula mortis non p̃cauendo deceptꝰ sum: fatuꝰ miser ego sic: ex ip̃uiso fallit oĩs homo. Respexi vsq̃quaq; vt viderem corpꝰ proprium fortitudinẽ solite iuuentutis τ ecce correptum τ desiccatũ est corpus tanq̃ fenum: τ pulchritudo tanq̃ flos feni exaruit: τ cecidit oĩs spes τ cogitatio mea. In die enim mortis peribunt oẽs cogitatões eorũ. Quo abierũt oĩa i q̃bus sperabã. vbi est iuuentutis lasciue dissolutio prosp̃itatis τ sanitatis arridẽs p̃missio: dicebãt michi: sanus es: iuuenis es: τ ecce nũc vita scidit̃: et dum adhuc ordirer τ hoc τ alia vana cogitatiões disponerē·et isperato tela mea/ vita mea/tota spes mea sic scinditur/ꝛ secatur· Et dignū quidem est vt preuēniaꝛ morte: qui morte noluit preuenire· Deꝰ me: appropinquat hora dissolutōis mee/ visum ꝑdo anhelitu deficio/motu pauoꝛ/sensu euacuoꝛ/recedere compelloꝛ: āplius tardare non possum· O infelix nunc finē verbis impono/vlterius plangere non valeo·ecce nunc venit hora que me auferet de terra·ecce propero ad inuisibilia·relinquo tēporalia·festino ad eterna/corā oīpotēti iudice responsurus/ ꝛ sentēciam dubiā ꝛ ignotā michi suscepturus· Jdeo timēdo ꝛ michi ipsi compaciendo inter illa amara quasi torrētes lachrymarū effundo· Sed quid ꝓficit nūc flere: ꝛ amarissima exagerare: cōclusum est·mutari non pōt· Deꝰ me: nūc video/nūc experior ꝙ āplius nil valeo/ꝛ mors michi appropinquat· O vos amātissimi mei: vobis ꝛ huic infelici vite/ vāle perpetuū dico· En manus incipiunt rigescere·pedes frigescere/vngues nigrescere/facies pallescere/ visus obūbrari/oculi profundari/itultus reuersari/ icipio horribilis per oīa fieri· Ha: me miserum: puncture mortis circundant me/ꝛ coꝛ meum pene suffocarunt· O cordis angustie ꝛ pressure mortifere· En pulsus incipit titubare·anhelitus deficere·lucem mundi amplius nō video· que qdē oīa attēdentes amici mei ꝛ fratres mei clamitāt· Eya frat ſpē habe ī dño: nunc recurre ā dn̄m· Deꝰ me: mille anni erant necessarij

ad disponendū: vt tā longā viā arriperē: ⁊ hāc terri
bilē horā securus expectarem. qualis em̄ i hoc pun=
cto exiero: talis presentabor iudicio extremo ⁊ ero
in statu sempiterno. O q̄ beatus es pater arseni qui
semper hāc horā ante oculos habuisti. Deu me: vbi
putas in hac nocte degebit pauper sp̄us meus/ aut
quis suscipiet miserā aīam meā ⁊ vbi hospitabit vel
pernoctabit: aut quos socios habebit/ vel qui erunt
qui eā suscipiēt in illa regione ignota/ ⁊ ei occurrent
O q̄ desolata erit aīa mea. O q̄ derelicta ⁊ abiecta
supra vniuersas animas. ⁊ quis est qui ei fideliter as
sit/ ⁊ qui eam efficaciter iuuare possit aut velit? Non
em̄ ad aliquē sctōꝝ conuerti me/ vt ipse in hac hora
pro me peroraret: ⁊ michi familiaris adesset. Dn̄e
deus misericors/ tu noster dur/ tu via/ tu hospes/ tu
ostium/ tu sis refugium i hac hora: ⁊ miserere anime
mee vt sinus abrahe eā in sinu suo collocet. Jā enim
amplius hic stare nō possum. Jā video sup me cater
uā demonū horribiliū ouāciū: ⁊ irruere volētiū in
miserā aīam meā: ⁊ vt predā discerpere eā nitentiū.
O mi deus q̄ terribilis est aspectus eoꝝ q̄ nō pstola
tur aliud nisi sp̄m meū desolatū quē creasti in proxi=
mo exiturū: si forte eis torquēdus in sortē relinquaꝛ
Nunc appropinquas iudex m̄i districtissime ⁊ iā ra=
tionem redditurus de oībus vsq̄ ad minimam cogi
tationem tibi assistere debeo. O strictissime iudex q̄
multū ponderas in iudicando ea que hōies modica

reputant facsliter operando. Nunc igitur valete fra
tres socij ⁊ amici karissimi. q̄ hic iam exiturus ocu
lum mentis ad purgationem quo deducendus sum
dirigo. vbi video dolorem/ miseriam ⁊ afflictionem
multam. ⁊ ibi recludendus sum vsq̧ dum reddā mi
nimū quadrātem. Valete bene viuere ⁊ bene mori
in domino discite in quo est salus/ vita/ ⁊ resurrectio
nostra/ ⁊ oremus pro inuicem vt saluemur cū eo q̄i
est benedictus in secula seculorum Amen.

℃ finis huius meditationis

℃ Iterum adhuc de meditatione
mortis/ et eius lege dirissima.

Mortales dominus cunctos in luce creauit:
    Vt capiant meritis gaudia summa poli.
felix ille quidem/ qui mentem iugiter illuc
    Dirigit: atq̧ vigil noxia queq̧ cauet.
Nec tamen infelix/ sceleris quem penitet acti
    Quiq̧ suum facinus plangere sepe solet
Sed viuūt homines/ tanq̧ mors nulla sequatur:
    Et velut infernus fabula vana foret.
Cum doceat sensus viuentes morte resolui:
    Atq̧ herebi penas pagina sacra probet.
Quas qui non metuit infelix prorsus et amens
    Viuit: et extinctus sentiet ille rogum.

Sic igitur cuncti sapi̅e̅tes viuere certent.
Ut nichil inferni sit metuenda palus

¶ Lex ista lex mortis.

Lex metuenda/premit mortales oi̅bus vna
 Mors cita/sed dubia. nec fugi̅e̅da venit
Circuit et surgens sol vitam prestat: et item
 Cum cadit adnichilat quod nichil ante fuit
Sic dat: sic retrahit: iterum trahet atq̃ retraxit
 Omnia sol girans quod dedit ipse trahit
Ex vtero natis posita ex lex ire: sed esse
 Certos/sub sole perpetuare nichil.
Ex vtero natis pedetentim calle sub ipso
 Subdola mors comes est. nos laqueare studens
Passibus inuigilat nostris mors: omnia rodens
 Nec sinit esse diu quidquid in orbe fluit
Continuo cadimus viuentes. fila sororum
 Atropos arrumpens emula sepe venit
Altera natura mors est. mors altera casu:
 Mille modos mortis vnica vita gerit
Pulsibus innumeris agitatur vt equore puppis
 Sic rapitur varijs vita agitata malis.
Fluctibus: aut morbo: seu flammis: strage: veneno
 Macra fames calidum/frigora cura nocent
Ergo quis in tantis possit cras dicere viuam
 Cum videat quotiens mors male visa ferit.

Non licet vt ideo vane confidere vite
 In qua nulla fides est nisi certa mors.
Finge ꝙ aspicias morientem sed freme namꝗ
 Consimili pene te vocat vna dies
Finge ꝙ aspicias corrosum vermibus. ecce.
 Consimili dente te petit illa lues
Immo tremenda lues breuiatio tota dierum
 Qua labor idem vnus te premet atꝗ dolor
Ortus queꝗ suos repetunt: terramꝗ sequuntur.
 Flos fluit/vmbra fugit omnia nata cadunt:
Nil reputo longū: dubius quod terminus angit:
 Crastina forte dies est michi sola dies
Est breuis illa dies: hodie, quia forte dierum
 Est michi meta dies. heu metuenda dies.
Atꝗ horrēda dies. qr tūc michi meta merendi
 Clauditur illa dies: leta ve/dira ve dies
Proh quicunꝗ dies sibi longos estimat: errat:
 Nulli est tota dies viuere tuta dies
Frustra ergo dico dies sit. si mentio nulla dierum
 Cum stet nulla dies vna. nec hora quies
Vt placet in longum vite spem temporis auge
 Ex nichilo nichilum. mox erit atꝗ nichil
Mille fuere viri/milleni milia mille
 Corpus humo putruit: nomine fama caret.
Sed superest meritis mercedem sumere dignam.
 Optima pro meritis et vitiosa pati

Aspice iudicium hoc metuendum iudice tanto
Qui vocat: et venit illa timenda dies
Ergo time, metue te construe, corrige mentem:
Usue mora presto, debita ferre para
Dum licet: et spacium datur: ista relinque
Pro patria celi qua sine fine dies
Non est illa dies cursus vt ista dierum
Est deus illa dies, vltima nostra quies

¶ Explicit de meditatione
mortis et eius lege dira.

¶ Incipit speculum
peccatoris.

Quoniam fratres karissimi in die huius seculi fugientis sumus: dies nostri sicut vmbra pretereunt necesse est corde sollicito memorari, q̃ sepius nostra fragilitas nostra mortalis infirmitas tociens nos cogit obliuisci illud quod omnipotens dñs nostrũ sui gratia volens profectũ: per beatũ moysen nobis tribuit consilium dicens. In deut. xxxij cap. Utinam saperent et intelligerent ac nouissima prouiderent. Eya fratres mei karissimi ecce feliciter poterim⁹ euadere mortis periculum, si diligenter studeamus sequi diuinũ consilium quod est mortis remediũ/salutis antidotũ, pctõris speculũ, cum nobis insinuat dicẽs. Utinã saperẽt z intelligerent ac nouissima,puiderẽt. O salutifera redẽptoris nŕi sentencia: ex qua nobis ẽ ĩstructio sapie admonitio cõtinẽtie/speculũ,puidẽtie/exaltatio pnie z acquisitio diuine gŕe. O admiranda bonitas nŕi creatoris.o ineffabilis caritas nŕi redẽptoris.o pdicanda benignitas nŕi saluatoris. Nos serui neq̃ sumus: serui negligentes: serui inutiles: q̃ nŕis exigẽtib9 demeritis mortẽ meruimus pocius q̃ vitã. z ecce pius autor vite/ipe dator venie: ipse largitor gŕe nos inuitat ad salutẽ dicẽs. Utinã saperẽt. zc. Quis enim nisi periturus homo hec audiẽs ista cõsiderãs: non vehementissime gratuletur et vltra q̃ fari possit exultet ĩ gaudio spirit9 ĩ vtero ei9, q̃ ipi oipotẽti deo/ipsi regi seculorũ/ipsi ã glorõrũ dño/ipsi creatori oĩm creaturarũ cura est de nobis infirmis et miseris ac mortalibus Cura ergo p maxia nobis iesse debet quatinus p oibus z sup oia sacris ei9 pceptis obediamus z ea deuote diligamus et studiose adipleamus. Ue nobis imppetuũ. qm̃ teste aplo miserabiliores oibus hoibus erim9 ãt deteriores: si hec non fecerim9. Uere ad exequenda nobis mãdata ei9 ociosi et inanes existimus: nisi in prĩmis z ante oia odio habeam9 q̃ ipsi dño displicere cognouerimus. et illa fideli corde diligamus q̃ tremende ei9 maiestati placere credim9

Proinde die noctuꝗ exorandus est ipse clemens & misericors deus & dñs: vt nobis largiatur auxilium q̄ suū tā salutare p̄stat consiliū dices. Vtinā saper̄t &c. O fr̄es karissimi itelligite q̄so que legitis consideratio eni͂ huius s̄nie: destructio est superbie. extictio iudicie. medela malicie. effugatio luxurie. euacuatio vanitatis & iactancie. constructio discipline. perfectio sc̄imonie. p̄paratio salutis eterne. Ait ergo. Vtinā saperēt &c. Heu heu q̄ paucoꝛ est ista vt9. pauci sunt q̄ salutarē hāc nr̄i saluatoris sapiāt sniam pauci sunt q̄bus est āte oculos p̄prie fragilitatis cognitio corruptibilis carnis corruptio. pctōꝝ recordatio i͂stātis mortis meditatio. fetentis gehenne putei consideratio. Ecce q̄ vtile speculū peccatoris. Reuera bone frater si te sepius i͂ hm̄oi speculo prospexeris: eris absꝗ dubio sansone fortior: dauid sanctior: salomone sapi͂etior. illi aūt i͂ hoc speculo se sepi9 c̄siderare neglexerunt: ideo carnis sue desiderijs cecati corruerunt. Igit̄ si tāti viri tā honorabilem lapsi sunt i͂ culpā quibus tāta affuit fortitudo & sapia q̄ta cautela q̄toꝗ studio nobis est vigilādū q̄bus iest tāta debilitas tantaꝗ i͂pericla. Porro tres viri isti ideo legunt̄ i͂ sc̄a ecc̄lia: vt fidelibus non ad exemplū ruine sed ad spectaculū cautele: quatin9 null9 nostrū i͂ sua confidat fortitudine. nullus p̄sumat de sua sapi͂ecia: imo semp timidi. semp reatus nr̄i c̄scij. semp de nr̄a salute simus solliciti: nunq̃ nostre corruptōis & nr̄e

e ij

mortalitatis obliti. Qui vero huioi verba negligenter audiunt non sapiunt nec itelligūt/nec nouissima puideēr: z sic i mortē z i dānationem vadunt. Ut igr mens nr̄a circa prudencie studiū euigilet: dn̄ica hortat̄ sn̄ia dicens. Utinā saperent. zc. Hāc admonitionē salutiferā oculo rōnis p̄sideres karissime: non in trāsitu imo cum studio z deliberatione sepissime reuoluendo. q̄z sicut thus non redolet nisi ponat̄ i igne ita nulla sacre scripture sapit sentencia: nisi cocta sit in corde. Ergo dilige hec verba: z eoq̄z sn̄iaz i corde tuo ip̄me. Utinā saperent. zc. Ecce hic frater karissime tria tibi i hoc proponunt̄ scz scia/ itelligētia er p̄udētia. Uult igit̄ dn̄s vt scias vitā p̄sentē fugitiuā/ periculosam/ breuē/ miserijs tabescētē/ vniuerse vanitati subiectā/ pctōz sordibus pollutam/ cupiditate corruptā/ i breui peritura/ quatin⁹ q̄to ifelicior mūdus iste esse conspicit̄: tāto facilius pro amore celestis patrie cōtēnat̄. Uult itaq̄ dn̄s vt fragilē cōditionem tuā itelligas sic meditādo. vz q̄ nudus egressus es de vtero matris tue/ nudus reuerteris illuc: et q̄z terra es z i terrā ibis. In huius vite miseriam nudus intrasti lugens. dies tuos i dolore z erūna p̄trāsisti. cum luctu z labore hinc exiturus es. Intelligas igit̄ qualis sit igressus tuus flebilis/ p̄gressus tu⁹ debilis/ z egressus tu⁹ horribilis. Intellige ergo q̄ tū sis in hac valle miserie exul z egrotus/ tutibus pauper z modicus/ labilis z ifirmus: ac in proximo moriturus. Frater felix eris si hec intelligas τ corde tuo quasi in libro scribas: τ hāc vnā quā tibi trado regulam seruare studeas. Viue deo gratus: toti mundo tumulatus. Crimine mundatus semper transire paratus. O q̄ felix τ beatus vir cuius aīa circa hmōi studiū exigilat: q̄ prudēter sapit τ ītelligit: ac nouissima prouidet. Carissime tu ergo fac similiter. Legisti iā hoc ī speculo petōris. quid sane sapias: qd ītelligas. restat vt nouissima prouideas. Ora ergo cū ppheta τ dic. Notū fac michi dñe finē meū: numerū dierū meorū qualis est: vt sciā qd desit michi. O vtilis oro. o felix prēplatio. o necessaria postulatio. Nō plane tpa vel momēta. q̄ pater posuit ī sua ptāte prescire deposcas: sed q̄ sis aduena τ pegrinus ī huius mundi erūnose pegrinatōis exilio homo īfirmus τ exigui tpis ītelligas τ cognoscas. Ergo vtīnā saperent: idest preterita pctā q̄tū sint amara. vnde ieremias. Vide q̄ amarū est τ malū te dereliquisse deū tuū malū est ī culpa: amarū ī pena. Et ītelligerēt. sapītiā q̄tū sint vana. Vñ ecclastes. ij. Vanitas vanitatū τ oīa vanitas. Et nouissima prouiderent: scz eternitatē gl̄ie q̄tū ad bonos: τ eternitatem mortis q̄tū ad malos. vt sibi prouiderent cōtra sterilitatē futurā sicut Joseph Genesis. viij. τ eccl̄iastici. vij. In oīb? opīb? tuis memorare nouissima tua τ ieternū non peccabis. Reuera karissime frater si pñtis vite tue breuitatē actendas: τ qd tibi deest ī agenda deo

e iij.

digna penitētia/id est disciplina preceptorū eius obseruāda: ⁊ sctitate corā ipso perficienda saperes ⁊ itelligeres: ⁊ mortis telū ante oculos tuos prospiceres. proculdubio mor sine mora/spretis pōpis/post positis mūdi curis. despectis carnis illecebris/proiectis voluptatibus/cōtēptis delicijs/in tui custodia vigilares: ac nouissima prudenter prouideres. Sapientis ēm est nō tm cuiuslibet rei prīcipiū pspicere qui neciā sinē exitūsq prouidere. vt ait tullius. Rerū exitus prudētia metik. Denīq felix esse cōprobak q sic cogitat de supplicio ante supplicisi: vt post modū supplicij effugiat piculū. dicis ergo michi. Paratus sum p oibus acqescere dīno psilio vt sapiam ⁊ itelligā ac nouissima puideā: sed q sunt mea nouissima: Illa vtiq de qbus spūssctūs tibi p salomonē loqk: vt supi est iā dictū. In oibus memorare nouissima tua ⁊ ietnū nō peccabis. Nō meli⁹ poterit luxuriosa caro domari: q qualis erit mortua predeitari. ⁊ si tales meditatōes habueris: felicē te dicent ōes gnationes. Meditatio nichil est q mētis ditatio. peroptie mēs tua ditak: qn cōtra cūcta aduersantis puidētie scīa illustrak. Legik ēm i poeta q cētū lulā i capite argus habebat: qd ita pōt itelligi: qr ex parte sui itra mentis sue circūspectionē prudentiā possidebat. Igik si tāto studio pollebat paganus: multofortiꝰ purtorē puidētie oculū debet habere populꝰ vel clericꝰ xpianꝰ Esto ergo alter arg⁹: imo illo cautior/illo studiosior

sto prudētior: vt sapias ꝛ intelligas ac nouissima ꝑ
uideas. Hec eñi sunt nouissima. q̄ ꝑuidere sollicite
sūma prudētia est. vtꝙ illa hora terribilis ī qua mi
sera āia tua ex hoc corpusculo corruptibili est timēs
egressura. Crede michi tu q̄ legis hec Ad hm̄oi rei
tremēdas cōsideratiōes maluisse debueras posside
re ꝑuidētiā q̄ tocius mūdi dominationē. Utinā sa
peres q̄ dei sūt/ ꝛ intelligeres q̄ mūdi sūt: et ꝑuide
res q̄ iserni sunt. ꝑfecto deū timeres: suꝑbiā nō ap
peteres mūdū contēneres: ꝛ infernū horreres. In
illa nimis metuenda extrema hora tua de amicoꝝ
de parētū tuoꝝ venies cum gladijs et armis pote
rit auxiliū ferre. Non eñi erit tūc q̄ consolet te ex oi
bꝰ caris tuis respiciēs eris ad auxiliū ꝛ ad iudicium
hoim. s̄ refugiū tm̄m̄ō erit apud deū. Cogites igit̄
tecū karissime quo timore timendus: quo amore di
ligendus/ quo honore venerādus sit ipse dn̄s Iesus
xp̄s dn̄s nr̄ q̄ salutis ꝑsidiū solus ꝑstare potest post
morte. Reduc sepissime ꝛ sepiꝰ karissime ad mēoriā
illū extremū exitus tui diem ꝛ anteq̄ misera āia tua
ex carcere carnis exeat: ꝑuideas quo vadat. Istius
mōi cōsideratio cōtritionē ꝯcipit. ꝯtricio ꝯpūctionē
parit ꝯpūctio ꝯtēplationē siue pium ꝛ humilē affectū
in deum pium videlicet ex fiducia adiutorij diuine
bonitatis ꝛ clemētie: humilē ex cōsideratōe ꝓpꝛie fra
gilitatis et miserie. Hic lector acrende. quid enim
est in oi sciencia quod hominē prouocet facilius ad

c iiij

custodiā sui et oēm iiusticiā expellēdā, ad sctitatē in timore dei psiciēdū: q̄ sue corruptōis consideratio. sue mortalitatis certa cognitio; postremo tremende mortis sue recordatio. etenim tunc homo sit non hō Homo q̄n egrotescit: egrotādo egritudo crescit. peccator expauescit. cor cōtremiscit. caput cōstupescit. sensus euanescit: vtus erarescit. vultus pallescit. facies nigrescit. oculus tenebrescit. auris surdescit. nasus putrescit. lingua fatescit. os obmutescit. corpus tabescit. caro marcescit. tūc carnis pulchritudo fetor efficitur et putredo. tunc hō soluit in cinerē: et vertitur in vermē. Ecce satis horribile spectaculuz sed est nimis vtile speculū: qm nulla artis medicina nullaq̄ doctrina sic supat supbiā, nec sic vincit maliciam nec sic extinguit libidinē: nec sic calcat mundi vanitatem sicut hmōi horrende mortis recordatio. Ergo vtinā saperēt et itelligerēt ac nouissima prouiderent. Et q̄d i hoc mūdo tm̄ vilescit sicut hō cuius corpus cū sit examine nō permittit eē extra domū triduo p̄ fetore: s3 vile stercus foras piicit, in p̄fundo terre abscōditur: putredini tradit. vm̄ ib9 Lesca dat cadauer efficit. Erubescat ergo supbus infelix peccator et timeat elatione secat9, ira istatus īpaciēcia vitio sedat9, cui plus placet ars aristotelis q̄ scia de aptis. pl9 codex platonis: q̄ diuin9 liber legis quē nulla lectio letificat, nulla scia edificat, nullus sermo sapit nisi fuerit grāmatice cōfectus, dyalectice

imaginat⁹/rhetorice purpuratus· Stultus es qui
hec ignoras: z erras·qm qui talia agūt z in talibus
dies suos cōsumūt:pctm̄ sibi generant et mortē pa
rant qr ex sitī studio similē cōcipiūt sciaz·hoc ē folia
colligunt et nō fruc⁹ idest vba nō vtutes· vba enim
in ventū pferūt/z aerē vbis verberāt· verbositatē
sonāt/actāciā ostēdūt·de qbus p psalmistā dicitur
Turbati sunt z moti sūt sicut ebrius/et omnis sapia
eorū deuorata est·Sicut eīn ebrius nescit quid agit
aut quo vadit/eo q̄ seipm̄ ignorat: ita insipientes cle
rici seculares iheredo hui⁹ mūdi scie se cōturbant li
bros deuorant: sētēcias multiplicāt: sz q̄d agāt peni
tus ignorāt·qr ad quē finē miserū tendāt: miseri non
actendūt O vtinā tales saperēt zc· Si em̄ fugientis
vite sue breuitatē ppēderāt·si dāna dierū suorū āte
oculos cōuerterēt·si q̄ tremēdo iudicio non ex mor
tis eoruz opibus imo de oi verbo ocioso q̄ districte
respōsuri sunt puiderent mox terrore pterriti·mox
diuino amore pcussi· vana huius mundi studia relin
querent z de studio vanitatis venirent ad studiū ve
ritatis:et de studio stulticie venirēt ad studiū sapie:
hoc est de studio curiositatis · ad studium huīlitatis
de schola luxurie et prauitatis· ad scholā mundicie
et sanctitatis seu castitatis· de vita iniquitatis ad vi
tam bonitatis seu sanctitatis·hoc est de vita fornica
tionis: ad vitā beate religionis· idest de domo con=
uersationis mundāne: ad domum sancte discipline

Uñ ipe bñdictus spūssanctus p ppheta pctōzibus pcepit dicēs in psalo. Apphendite disciplinā neqñ irascat̄ dñs: et peatis de via iusta. O q̄ terribilis est hec snia z nimis metuēda his q̄ disciplinā nō appzehēderūt. ex hac spūs scti snia patet cp peribūt. hinc est cp dñs per moysē ait. Ois aia q̄ afflicta nō fuerit pibit de pp̄lo suo. Notanda sunt attentius verba ista Aia igit peribit que nō fuerit afflicta, subaudi p disciplinā, p mozū correctionē, p cōsciēcie purificationē: z dicebat die hac, id est est p̄nti ipe gr̄e, idest die huius vite. qm qui non suscipit modo tempus p̄nte. post mortē nō iueniet locū idulgentie. Quapropt timesce tu peccator tu caro supba, tu vile cadauer: quē adhuc viuētē vermes, quotidie corrodunt q̄ de tuo corruptibili corpusculo generāt̄ contremisce supbiā, pijce vanitatē, fuge luxuriā, appzehēde disciplinā ne peas. Uide in hoc speculo qd es: qd eris cuius cōceptio tabes mēstrua, origo luctuz putredo finis. Utinā sapent.z c. Ecce fraterte cōuento. v̄l. Quicqd agunt alij sis memor ipse tui: vilescat mundus tibi plusq̄ tu mundo. habes igit̄ tāte calamitatis miseriā. ōsiderans attēci⁹ z cū propheta ingemiscens dicito. Iniq̄tatē meā ānūciabo z cogitabo pro pc̄to meo. qm in flagella patus sū. z dolor me⁹ contra me est sēp. Et iterū dic cū aplo q̄ flebilē hūane cōditionis statū deplorat dicēs. Infelix hō ego. q̄s me liberabit de corpore mortis huius? hec salutī fera apl'i fentēcia prudentem lectorē exigit. Adhuc in corpore apl's vixit: qui tn̄ corpus mortuū noīauit. qz qui sapiēs est: iā mortē ante oculos ꝯsiderat. iā se mortuū reputat. cum se moriturum pro certo sciat. Attende ergo in illa terribili hora de qua loquor mi sera pctōris aīa qua de mundo exitura es: quo exitu ro z itura es. aderunt mox mīstri maligni illi male dicti dyaboli/illi tartarei/illi spiritus horribiles/z pessimi leones rugientes: vt raptāt prædā. s. tuā pec catricē aīam miserā. tūc subito horribilia patebunt loca penarum/chaos z caligo tenebrarū/horror mi serie z tribulationis. terror tremor āgustie z ꝯfusio nis terror horrende visionis. tremor tremende mā sionis. vbi loc⁹ fletūū. vbi stridor dētiū. vbi morsus ꝯ miū. vbi clamor dolētiū. vbi luctus gemētiū. vbi est vox clamātiū pctōrum dicentium. Ve. ve. ve nobis filijs eue. Cūq̄ hec z his silia: imo millesies plusq̄ dici pōt: peiora de corpore egressura misera aīa imo miserrīa audierit/viderit/z senserit. qualis q̄tusq̄ q̄ magnus terror z timor z tremor erit ī ea: que lin gua pōt dicere: quis liber exponere. quid tūc prode rit scīe iactācia. scū pōpa. mūdi vanitas. terrene di gnitatis cupiditas: Nūquid poterūt luxurie appeti tus. cibus exquisit⁹. potus delicatus/vestis curiosi tas/calciamēti speciositas/carnis mollicies/vētris ingluuies/cibo⁊ superfluitas/crapule ebrietas/do morum cōstructio/prebendarū acquisitio/diuitiarū aggregatio. via ista miseram animã hois eripere de oze horrendi z horribilis leonis. z de maledicti fauce draconis. Nãc vtinã lectionẽ legat aliqs z sapiat. et sane intelligat z in corde suo retineat implicatus amore mũdi z carnis debriatus z cecatus: cui plus placet luxuriosi cadaueris venenosa voluptas: q̃ aĩe sue sanitas. qui plus studet circa marchã quã circa marcũ. cui aũt pl⁹ est de mũdo q̃ de xpo. cui plus de lege bouina q̃ de lege diuina. legat igit lectionẽ istã insipiens iste q̃ hmõi est: z speculet̃ ĩ hoc speculo pctõris speciẽ suã cõsideret diligẽter vnde veniat z quid sit z quo vadat. Perpẽdat ĩ p̃missis per quã semitã vehemẽter metuendã p qd iter tenebrosum p quas horrẽdas manus misera eius aĩa trãsitura est. O stulte pctõr: qr ista cõsiderare nescis siue p̃meditari: qr ista preuidere negligis: ideo sepius iuadit te superbia: exagitat ira: excruciat malicia: vulnerat inuidia: inflammat luxuria: fatigat pigricia: ligat auaricia. q̃m horrenda iminẽtia: tibi tormẽta prudẽter nõ respicis: idcirco cõtumax, iniuriosus, obstinatus sepe efficeris. piger z accidiosus ad opus diuinũ accedis: z illud negligẽter agis, z desidiose: quare: qr nõ preuides quo vadis. Vtinã ergo saperes z itelligeres. zc. Tremẽdus est illius aspect⁹. vt dicit Leo papa: cui perussi est omne solidũ, aptũ oẽ secretum, cui obscura clarent, muta respondent, silẽtium confitetur, mens sine voce loquit̃. Si ille serpens oys bolus venenosus sathanas: ausus fuit ipetum facere in aiam sctissimā btissimi martini: qui erat gēma sacerdotū: quā felicē aiam pñtibus angelis euntē in celū curabat ipedire: quomō timendū est tibi pctōri et tremēter premeditādum q̃ horribiliter occurret aie tue, ille aiarum hostis amarissimus. Eya frater karissime: precogita z nunq̃ a tuo corde recedat, q̃ tuā illā btissima virgo perpetua mater dñi nri Iesu xpi aie sue providebat: que vt legim⁹ filiū suū exoravit vt maligni spūs in eius trāsitu nō adessent. O si tāta et tam sctā deo cara, imo karissima aia, visionem nepbādorum spirituū dubitabat: q̃d faciet aia peccatrix. quomō stare poterit ad horrendum aspectū tremendi vultus eius ad ītolerabilem fetorē oris eius, ad flammas sulphureas oculor̃ ei⁹. Certus esto q̃ timor huius horrende bestie, omne gen⁹ tormētor̃ superat: plusq̃ i mūdo hoc cogitari q̃at. qō ppheta pauidus expauescēs ad orōnem confugit dicēs. Exaudi deus oratiōnē meā cū deprecor: a timore īimici eripe aiam meā. Non dicit a potestate: sed a timore quare ad insinuandum q̃ maxima sit pena: q̃ horribilis, q̃ intolerabilis sit terror ipsius inimici. Heu heu frater mi: si talis z tantus tremor est aie peccatrici ex solo sathane visu: q̃ta cōfusio, q̃tus horror, q̃ta afflictio, q̃ta ve lamentatio erit eius tactus. O stulti filij hominū z vani: vt quid diligitis vanitatez et queritis mendacium. qui enim diligit vanitatem

odit aiaz suā· ꝛ odibiles sunt deo ipsius ꝛ ipsietas eiꝰ·
Uñ psalmista· Nūquid qui oderūt te dñe oderā ꝛc·
perfecto odio oderam illos· Altissimus oī odio odit
pctōꝛes: ꝛ misertus est penitentibus· Et quare tam
horrendā tācꝛ horribilem nō circūspicitis miseriās
quare non proijcitis superbiā: quare non extinguitis
auariciā: quare non cōtenitis luxuriā: quare mōꝛes
vestros non corrigitis: quare mādatum dei salutise
rūcꝛ eius consiliū negligenter auditis: quare non sa
pitis ꝛ itelligitis ac nouissima puidetis· Dic est ꝙ
dñs vos pctōꝛes terribiliter alloquit̄· Ego iquit in
iteritu vestro ridebo ꝛ subsannabo: cū vobis quod
timebatis aduenerit· O ꝙ timēda est hec vsica sñia
Urinā lector saperet i palato cordis q̃tum cōtineat
amaritudinis: q̃tum ve formidinis· qꝛ reuera si sci
ret: oī die ꝛ hora vitam suā cautius custodiret· Sed
dices forsitan ꝙ derisio ꝛ subsannatio non cadunt i
ipsum oīpotētē deū: nec eius veneranda sctissimacꝛ
eius natura simplex: hmōi passiones siue iurias nō
admitit· Cur ergo ab oīpotente deo peccatoribus
dicit̄· Ego i iteritu vestro ridebo· Actende qui iter
rogas quomodo tibi dicta debeat exponi sentencia
Ego iquit i iteritu vestro ridebo: ridebo id est cum
finis vestre venerit vos derisione dignos clamabo·
Et cum irruerit super vos illa repentina calamitas
subsannabo· idest cum morꝛ amara vos momorde
rit: eterna subsannatōe dignos vos dānabo· Audi

tu peccator sentenciam terribilē quā si tu intellige
res sine dubio expauesceres. sed scripturas sacras
negligenter legis: actꝰ vite tue, mala que facis, pec
cata q̄ cōmittis, facta dicta ⁊ opera tua mala non sa
plēter respicis. velox ad mēsam. tardus ad ecclesiā
potēs ad potādū sed eger ad psallēdū. puigil ad fa-
bulas. sōnolētus ad vigilias. paratus ad loquēdum
sed tardus ⁊ mutus ad psalmodiandū. prōptus ad
irā et detractiones: piger vero ad ōroēs. iuidie ama
tor xp̄i pauperū p̄secutor. festucā in alio oculo respi
cies sed trabē i oc̄lo tuo nō vides. aliorū facta ꝓtem
nens sed tua nō cōsideras nec deseras. ceteros reꝓ
hēdis: teipm̄ non corrigis. alios vituperas ⁊ teipm̄
collaudas malicie iuētor. discipline destructor. ami
cus viciox: ⁊ hostis v̄rtutū. hec sunt que hoiem exe
cāt ⁊ a deo ipm̄ separāt. hec sunt q̄ monachū faciūt
demoniacū. ꝑuersum faciūt puersū, clericū hereti
cū xp̄ianū antichr̄istū. qui em̄ xp̄ianus non est: anti
christus est. Non est cristianus: qui vita et moribus
chr̄o est contrarius. Heu heu: vir īsipiēs non co
gnoscet: ⁊ stultus non intelliget hec. Et ideo sicut
dicit idem propheta. Simul īsipiēs ⁊ stultus peri
bunt. Sed que distancia est inter insipientē ⁊ stultū
Omnis stultus est īsipiēs. insipiens em̄ dicit̄ quasi
non sapiens. Multi enim manent qui sapientes nō
sunt et tamē stulti non sunt. Multi iusti sunt et mul
ti iusti non sunt: et tamen iniqui non sunt. Vis ergo

noscere quis sit insipiens/et quis stultus. Insipiens est z qui se a gaudijs paradisi pegrinū esse non considerat. et qui se exulem in hoc exilio non actendit. Stultus est qui licet ista cognouerit: liberari tamē a mūdi miseria p penitētie meritū non intēdit. Item insipiens est qui non credit futura supplicia reproborū pperua: et gaudia iustorū eterna: stultus autez qui licet ista crediderit: tn vt mortē perpetuā euaderet z gliam eternā caste viuēdo piecp couersando acquireret non intendit. Iusto ergo dei iudicio simul insipiens et stulꝰ peribūt. qō tn nō fieret. si sapēt et intelligerent ac nouissima puiderent. Ecce frater mi: iam legisti: iam vidisti in hoc speculo pctōrs qd sapias quid intelligas que nouissima puideas. Superest igit vt diligenter discas z in corde tuo firmes vt sane sapias recte itelligas z vt nouissima tua prudenter puideas: vt per hec eternam dānationem euadas/et cum dño iesu christo vitā eternā possideas. Quod nobis concedat qui sine fine viuit et regnat. Amen.

⁊ Explicit speculum peccatoris.

⁊ Bernardus de contemptu mundi.
⁊ O miranda vanitas/o diuiciarum amor
Lamentabilis. o virus amarum.
Cur tot viros inficis faciendo carum
Quod transit citius ꝙ flamma stuparum

¶ Homo miser cogita, mors oibus compescit
Quis est ab initio qui morti non cessit
Quando moriturus est omnis homo nescit
Dic qui viuit hodie, cras forte putrescit
¶ Qui de morte cogitat miror q̃ letetur
Cum sic genus hominũ morti deputatur
Quo post mortẽ transeat homo, nesciatur
Vnde quidam sapiens ita de se fatur
¶ Dum de morte cogito, contristor et ploro
Verum est q̃ moriar et tempus ignoro
Ultimo q̃ nescio cui iungar choro
Ut cum sanctis merear iungi deum oro
¶ Cur mundus militat sub vana gloria
Cuius prosperitas est transitoria
Tam cito labitur eius potencia
q̃ vasa figuli que sunt fragilia
¶ Plus crede licteris scriptis in glacie
q̃ mundi miseri vane fallacie
Fallax in premiis virtutis specie
Qui nunq̃ habuit tempus fiducie
¶ Credendum magis est viris veracibus
Quam mundi miseris prosperitatibus
Falsis insoniis et vanitatibus.
Falsis in studijs et voluptatibus
¶ Dic vbi salomon olim tam nobilis
Vel sanson vbi est dux inuincibilis

Vel pulcher absalon vultu mirabilis
Vel dulcis sonathas multum amabilis
¶ Quo cesar abiit celsus imperio
Vel diues splendidus totus in prandio
Dic vbi tullius clarus eloquio
Vel aristoteles summus ingenio
¶ Tot clari proceres tot retro spacia
Tot ora presulum tot regum fortia
Tot mundi principes tanta potentia
In ictu oculi clauduntur omnia
¶ Quam breue festum est hec mundi gloria
Vt vmbra hominis sunt eius gaudia
Que semper subtrahunt eterna premia
Et ducunt hominem ad rura deuia
¶ O esca vermium o massa pulueris
O roris vanitas cur sic extolleris
Ignorans penitus vtrum cras vixeris
Fac bonum omnibus qdiu poteris.
¶ Hec carnis gloria que magnipenditur
Sacris in litteris flos feni dicitur
Vt leue folium quod vento rapitur
Sic vita hominis luci subtrahitur.
¶ Nil tuum dixeris quod potes perdere
Quod mundus tribuit/intendit rapere.
Superna cogita/cor sit in ethere
Felix qui poterit mundum contemnere.

¶ Dic homo cur abuteris discretionis gratia
Cum vite viam deseris et tendis ad supplicia
Salūti prefers ocia et preciosis vilia
Nec metu pene flecteris/nec spe salutis traheris
Ut summa queras gaudia. dic homo cur abuteris
¶ Quid valet mūdi gloria vide: quā sic amplexeris
Multa vides indicia qɂ scienter deciperis
Mundū qui fugit sequeris/ɀ cum labente laberis
Sequendo transitoria. sic bona permanentia
Sub aure surda preteris. dic homo cur abuteris
¶ Certe non excusaberis dissimulando talia
Nam si sic subterfugeris: post restat consciencia
Que non tacet latencia. et diuina iudicia
Declinare non poteris. sed si conuictus fueris
Patet mortis sentencia. dic homo cur abuteris.
¶ Non confidas de venia si sero penitueris
Dies est peremtoria: quam nisi tu preueneris:
Fructu condigni operis et reatum purgaueris
Erit tibi miseria absqɂ misericordia
In eternum cum miseris. dic homo cur abuteris
¶ Ergo vide: cum veneris in iudicis presentia
Qui tibi prout egeris iusta reddet stipendia
Ne gloriose patrie tuas te preuenīt vicia
Nam si mundus occurreris: cum iustis sociaberis
In eterna leticia. Dic homo cur abuteris discretio-
nis gratia.
   ¶ Idem bernardus.

f ij

¶ O christi longanimitas et longua expectatio
O mira christi bonitas: o quanta miseratio
O cordis induratio et mortis festinatio
Quid differs cur non cogitas hō q̄ vite breuitas
Cito fit consummatio. Cernat hoc meditatio
Cernat hoc meditatio quid nos primo fuerimus
Nichil prodest elatio. Cernat hoc meditatio
Nam terra tandem erimus
Cernat hoc meditatio quid nos primo fuerimus
¶ O vanitatum vanitas curarum occupatio
O cur ambitur dignitas/cur opum cumulatio
Quo tendit congregatio aut qd valet cupiditas
Est in sepulchro feditas et extra dealbatio
Cernat hoc meditatio quid nos primo fuerimus
¶ O que mortis acerbitas et q̄ta trepidatio
Cum iam cogit mortalitas vt fiat separatio
Quid prodest delectatio quid pestiua foetiditas
Quid nunc pro vita flagitas: o sera recordacio
Cernat hoc meditatio quid nos primo fuerimus
¶ O seruitus quid cogitas apparens in iudicio
O arguens crudelitas hostis et accusatio
O doloro confussio/o horroro obscuritas
O penarum eternitas et ignis estuatio
Cernat hoc meditatio quid nos primo fuerimus
¶ O homo cur non festinas vt detur tibi mansio
Qua felix immortalitas et nulla trepidatio
Sed perpes exultatio et sanctorum societas

Ac permanens felicitas et leta dei visio.
Cernat hoc meditatio quid nos primo fuerimus
℟ Cū sit ois homo fenū et post fenū fiat cesum.
Ut quid homo extolleris Cerne qd es et quid eris
Modo flos es et verteris in fauillam cineris
Per etatū incremēta: immo magis detrimenta
Ad non esse traheris.
Velut umbra cū declinat vita surgit et festinat
Claudit meta funeris.
Homo dictus es ab humo cito transis q:fumo
Similis efficeris
Nunq̃ in eodem statu permanes dum sub rotatu
Huius vite volueris.
℟ O sors grauis o sors dura o lex dira quā natura
Promulgauit miseris
℟ Homo nascēs cū merore vitā ducis cū labore
Et cum metu morieris.
Ergo si scis qualitatē tue sortis voluptatem
Carnis quare sequeris?
Memento te moriturū: et post mortē id messurū
Quod hic seminaueris
Terram teris/terram geris/ et in terrā reuerteris
Qui de terra sumeris. dic homo cur abuteris
Cerne quid es et quid eris.
Modo flos es/et verteris in fauillam cineris.

f iij

¶ Nos dicimus duplicem esse vitam: scilicet presentem temporalem, et futuram eternam. Inter quas mediat mors corporalis: que est finis vite presentis et principium seu introitus vite future. Sed quicũq[ue] desiderat in presenti bene viuere et in futuro semper oportet eum scire bene mori. Nam dicit philozophus q[uod] oppositorum eadem est disciplina. modo vita et mors sunt opposita. quare ad scire bene viuere necesse est scire bene mori. quod liber iste de arte bene moriendi docet.
   Vale.

Non est quo possit melius caro viua domari
Mortua qualis erit: q[uam] semper premeditari.

¶ De arte bene viuendi beneq[ue] moriendi tractatus finit feliciter. Impressus Parisius in Bellouisu a magistro Guidone Mercatore. Anno d[omi]ni. M.cccc. lxxxix. Die. xxiij. Augusti.
   LAUS DEO.

www.ingramcontent.com/pod-product-compliance
Lightning Source LLC
LaVergne TN
LVHW050619090426
835512LV00008B/1564